NMB

TAKENS
NMB

TAKERS

はじめまして

拝啓あなたさん。調子はどうですか？
初めまして、セントチヒロ・チッチです。

はじめに。
駆け抜けた日々、愛しい瞬間、苦しい日の音。気がつけばB・iSHというグループで8年生きていました。それは一瞬の奇跡のようで、風のように吹き抜けていきました。人間って不思議と、すんごく大切だったことも思い出せなくなったりして。あんなに大事にしていた記憶も鉛筆で書いた線が薄れていくように消えていったり。汚かった青春のはずが綺麗に形作られて残ってしまったりします。ああなんでだよばかって私自身切なくなりました。

そんな時にこのエッセイのお話をいただきました。

素直に嬉しかったです。解散が決まった今、私の頭の中にあること、心に刻まれた気持ちをあなたと共有できるなんてとても幸せなことです。B・i・S・Hが好きだからこそ愛も怒りも人一倍抱えてきたつもり。だから、今こうしてこの1文字1文字を読んでくれるあなたには赤裸々な言葉たちを送れたらいいなと思います。

想いを言葉にすることは好きです。とても。伝えたい想いは伝えないとせっかくの人生もったいないじゃない、とも思うのです。この本が、毎日を闘うあなたの明日を頑張るちょっとしたエネルギーになれたのならそんな幸せなことはないし、こんなに愛した日々を箱の中に秘めているのももったいないしね。

正直しっかりぎっしり本を書くのは初めてで今も緊張しています。とにもかくにも私なりに私らしく愛情込めて文字にしてみようと思います。自分のためにも。心の整理整頓。そんな気持ちでいます。いつか幸せの方向へ向かう中で私に子供が生まれた時、お母さんはこんなに素晴らしい日々を愛しい仲間たちと一緒にたくさん笑って、たまにはぐしゃぐしゃに泣いて今の私にしてもらったんだよと伝えてみたいのです。

何かに迷った時、選択肢がまた一つ増えたなら。
悔しい思いをした時、心の逃げ道になれたなら。
愛しさを思い出したい時、開く宝箱になれたなら。
あなたらしさを探す旅へ、お守りのようになれたなら。

親愛なるあなたさんへ。

何卒。

もくじ

第1章 私と

波乱万丈。

最初の記憶

私のいちばん最初の記憶は、お母さんのお腹の中にいた時のこと。自分でも意味がわからないのだ。

小さい頃、引き出しの中からお母さんの髪の毛が何本か出てきたことがあった。「これって、お父さんと喧嘩していたときの髪の毛だよね？」ってお母さんに聞いたら、「それ、あんたがまだお腹の中にいた時だよ！」と驚いていた。その話を聞いて「あ、私まだ生まれてなかったんだ」って初めて知ったのが8歳くらいの時だっただろうか。

部屋の感じも覚えていた。部屋に差す光が夕暮れ、カーテンを突き抜けてオレンジの光の中2人が口喧嘩をしていた。本当に意味がわかんないんだけど、お腹の中から見ていたみたい。それが私のいちばん最初の記憶。

生まれも育ちも八王子の私、川の近くのちっちゃいアパートに住んでいた。そのアパートのこともすごく覚えてる。少し埃くさいあの部屋は今どんな人が住んでいるのだろう。5歳の時おじいちゃんが住んでた家を増築して一緒に住みはじめた。お父さんが家を増築したから欠陥だらけで面白い。そこから今も実家は変わってなくて私の安心できる場所だ。

お父さんもお母さんも私が生まれた時から働いていた。家にずっと誰かがいるのは〝サボっている日〟だと思っていた。0歳から保育園に預けられてた私は家にいる記憶と保育園にいる記憶が半々くらい。それが当たり前だと思っていたし、寂しさなどわからなかった。小さい頃は毎月のお小遣いなんてもらったことがなかったけど、それも当たり前。たまにおじいちゃんがくれる3千円のボーナスとお買い物が私のチートデーだった。もらったお金はキティちゃんのがま口のお財布に貯めて。いつかのためにこつこつ。

服を買ってとかおねだりしたことがあっただろうか。1着だけ買ってもらったメゾピアノのTシャツは、嬉しくってテロテロになるまで着た。外食なんてたまにしかなかったし、洋服はお下がりばっかり着てた。今思えば古着っ子で可愛かったなと思っている。別に着るものがあったからよかったし、髪もお母さんが切ってくれたし、お腹はいっぱいだし私はこの家が大好きだった。

私の毎日の生活はよく笑ってよく怒ってよく泣く。お父さんもお母さんも好きだったから、貧乏なことに関して不満とかは特にないのだ。本当に欲しいものがある時は、おじいちゃんに言えば買ってもらえる魔法のカードがあった。だけど楽しいことは家にたくさんあった。

保育園の時のことはあまり覚えてないんだけど、たくさんの子供たちがいたクラスの中で、自分のことを〝ちいちゃん〟って呼んで、すごく偉そうだったらしい。自信家だったみたい。私の中では自信家だったけど、外から見るとふてぶてしく意地悪な子のイメージ。すごく覚えているのが、おもちゃを貸してくれなかった1歳上の女の子の腕に噛みついて謝った思い出。男の子みたいに物を投げたり野蛮な女の子だったかも。

ＰＵＦＦＹと辻ちゃんが大好き。家でも「ミニモニ。ジャンケンぴょん！」とか「アジアの純真」を熱唱。それと同時に、「うんちー」とか下品なこともよく言ってたみたい。そういう言葉も楽しく飛び交う家だったので、私の今のこういう感じの性格は家族の中で培われた部分が大きいと思う。母にはたくさん迷惑をかけたなぁ。

チヒロと家族

家族のことが私は大好き。

ただ、意外と私は素直に愛情表現ができない子供のまま大人になってしまったもんだから、愛してるとか大好きなんて恥ずかしくて数えるほどしか言ったことがない。だけど、大好き。


お母さんは、明るくて可愛くてきっとかなりモテてた女の子なんだろうと思う。お母さんとは友達のような関係なのでなんでもかんでも話す。シモのことだって話す。とにかく話す。

お母さんは厳しく育てられた名残がある。自由な中にマナーや人としての当たり前の大切なことはかなり厳しく私に教えてくれた。それが今となっては活きていてありがたいと思うことばかり。

お母さんは短大に行って、車が好きだったから車のサークルに入って、アメ車に乗るためにアメリカに行ったり、好きなことに夢中で生きていたのだと思う。きっともう少しだけ自由に生きてみたかったんだろうなと思う。だからこそ私と一緒にテレビを観ながら叶わなかった夢の話や大好きだったもののことを小さい時から聞かせてくれた。気づくとそれが私の夢になった。

母は四六時中働いて、良くないことをしたら怒る。あと、かなりの大食い。私の茶碗の5倍くらい大きな器に白飯をこんもりよそって全部食べる。すっごい大食いなのに、すっごい細かった。気は強くなくて優しい。ママ友がいるイメージとはかけ離れてる人で、家族とか兄弟とは仲がいいけど、誰か友達と馴れ合って出かけてくるねとか、こういうことがあったよとかって話は数えるほどしか聞いたことがない。少し不思議な人。だから私はお母さんの友達になりたかった。ママって呼んだら、ここは日本だよって怒られた。私は、ママとパパって呼び方に憧れて、テレビとか真似てある日試しに言ってみたんだけど、そんなの恥ずかしいよって。私はこんな風に適当な奴に育っちゃったんだけど、母に教えてもらった大事なマナーは今も染みついてる。

お父さんは根っからのヤンキー。昔から変わらず今も。こんなこと言ったらかわいそうだけど、だらしない人だなって思う。そこが好きなんだけど。まさに自由人だ。お父さんも仕事をしてるはずなんだけど同時に遊んでるみたいなイメージだった。

職人で壁を塗ったり家を建てたりするサイディングという仕事をしてたから、家にはたくさん作業着やボンタンがあって、世の中のお父さんはこういう仕事をしてるのが当たり前だと思っていた。チョッキにボンタンを穿いてタオルを巻いているのがお父さん。いつも施工の塗料の香りがして、リーゼントをセットするためのジェルが家にいくつもあった。仕上げにきっつい香水をつけて、地下足袋を履いて出ていく。絵に描いたようなキラキラヤンキー。

私の自由奔放で良くないところはお父さんから引き継いでる気がする。例えば、お父さんに自転車を貸したら、ダチと飲みに行ってくるわ〜みたいな感じで出て行って、朝になるとカゴがボコボコになって返ってくることもあった。きっと酔っぱらってどこかにぶつかって帰ってきたのだろうけど、良くないというか、そういういい感じに適当なところとかはお父さんから受け継いでる気がする。のかも。お母さんからは、そういう部分がお父さんに似てて嫌だって言われたこともある。

あと、たぶん人が好きだというところもすごい似てる。お父さんは社交性があって、意味がわかんないんだけど、八王子では顔を広げていて、知り合いが謎にすごく多い。こっちとしてはちょっぴり恥ずかしいけど、そういう社交性とか、新しいことに飛び込む精神はお父さんから受け継いでいるのかな。よく思い出すのはお父さんとゲームをしたこと。というか一緒に出かけることなんてなかなかしない家族だったから外食に行ったら帰りに中古ゲームやＤＶＤを売っている店に寄るのが毎回のコースでそれを楽しみにしていた。安くなったソフトを買って帰ってゲームをする。2人でできるゲームは一緒にしたし、ただ見てるのも好きだった。ゲームをすることに関してお母さんも寛容でたくさんやらせてもらった。勉強も本もあんまり好きじゃなかったけど、攻略できない時には攻略本を買ってもらってゲームだけはとことんやり込む女の子だった。ゲームボーイもプレステも初代から全部ある。最高な家。

お父さんとはほんとに対等な目線でいつも会話していた気がする。良い意味でも悪い意味でも。対等に喧嘩して対等に向かってくる。だからこんなに仲良くいられるのかも。私が育ててあげなきゃなんて思う時もあるくらい今でも自由な人でそこが好きだ。

弟。私には7歳離れた弟がいる。ずーっと兄弟が欲しかった私にとっては宝だった。私が小学1年生の時に生まれた。もしかしたらなかなかできなくて7年後にようやくできたのかな。お母さんは子供好きなので、すごく嬉しそうだった。私もめちゃくちゃ嬉しかった。実はお兄ちゃんがずっと欲しかったんだけど。お兄ちゃんっていうものにとてつもなく憧れがあって、いとこに3つ上のお兄ちゃんがいるんだけど、保育園も一緒だったのでずっと追いかけまわしては向こうにはちょっと嫌がられてた。いとこも大好きで、月に1回くらい行われるおじいちゃんとの食事会でみんなが集まる日があって私にとっては最高な日ですごく楽しみだった。その日は豪華なご飯を食べていとことゲームをする。今ではなかなか集まれることもなくなったけど思い出は色濃く残っている。

自分に弟ができるんだって、映画の世界に入ったみたいな気持ちになったのを覚えてる。弟は簡単に言うと堅物。私と真逆の性格に育った。ちっちゃい時はすごく大変だった。たぶん、私と比べられるのがすごく嫌だったんだろうし、苦労したと思う。けど、私と同じで反骨精神があって、ねーねに負けたくないっていう気持ちがあったから、自分が行きたい道を追求して一生懸命に生きてなりたかった警察官になった。すごく努力家だなって思う。警察官ってすごく狭き門だと聞いている。たぶん私よりも全然努力して入って、逃げずに生きてきたすごい子だなって思う。正義感が強くて真面目で寡黙で少し暗い。だから私と真逆と感じるのかな。口が悪いのは一緒（笑）。でも友達は結構いるし、人間関係も上手にやってる。

今はすごく仲がいい。趣味も似ていて、服も好きだから一緒に買い物に行ったりする。音楽はバンドもヒップホップも好き。一瞬アイドルオタクになってたけど、推しメンが卒業してオタ卒したらしい。正統派のアイドルさんが好きな子だったから、最初は私がＢｉＳＨで活動するのを恥ずかしいって、親友にも誰にも言ってなかったみたい。２０１７年、ＢｉＳＨが『ミュージックステーション』に出た日に「認めてやる」ってＬＩＮＥが来て。Ｍステに出たから認められました。面白い人。今ではよくライブを観にきてくれてアユニのことが大好きみたい。

あと母方のおじいちゃん。二世帯住宅でおじいちゃんとも一緒に生活をしていた。ピンクグレープフルーツを半分に切ってそれをスプーンですくって食べるのが好きで可愛らしい人だった。私の子供の時の親友はおじいちゃん。おじいちゃんが経営していたラーメン屋のメニューはバラエティ豊富でいつも楽しい場所だったしいろんなとこに連れてってくれる天使だった。大きな優しさと少しの厳しさ。強く生きることを教えてもらった。こういう人に私はなりたいと思った。今でも愛してやまないのである。

自分でもバラエティ豊かな家族構成だと思ってます。恋愛の話も、いじめられて嫌だった話も、良いことも悪いこともとにかく全部話せるような家族だったから、救われている。私の家族は友達以上に友達。

テレビマンに憧れて

年中大ゲンカな家。私はそれに慣れっこだから気にもならなかった。あ、またやってるなーと思いながらテレビを観ている。4人が4人とも喧嘩する、だけど仲良し。友達のようだった。

お母さんとお父さんはたぶん私が中学生くらいの時に離婚したんだけど、離婚したのかしてないのかよくわからない関係。今も私がいるとかいないとか関係なしに連絡を取ったり、ご飯に行ったりしてるので、結局少しは好きなんだろうなっていうのは思っている。まあ子供が3人いるような家庭をお母さんが支えるのはそりゃキツイだろうしお父さんもそれをわかってて離婚したんだろうなと思う。

お母さんはたくさん我慢してきた。だから私は、お母さんができなかったことを私がやりたいなと思っていた。それは使命ではなくて自然にそうなっていった。

お母さんはとんねるずのガチファンで、とんねるずが出る番組はいつも一緒に観てケラケラ笑っていた。テレビを観ながらタイムキーパーにお母さんはなりたかったんだと教えてくれた。厳しい家だったから叶わなかった夢。だったら私がタイムキーパーを目指そうと思えた。お母さんのためにもとんねるずと仕事したいという目標ができた。お母さんの意思を引き継いで、自分がテレビ業界に入る！と思うようになって。だから私の夢は、もともとお母さんの夢なのだ。

テレビ業界は楽しそうって思ってたけど、そもそも自分に自信はない。昔からずっとないし、表に出る人間になろうと思ったこともなかった。好きな歌手の真似をして踊るとか歌うとかはすごく好きだったけど、それを仕事にしようって思ったことは一切なかった。ＡＤさんになることがいちばんの夢だった。

そういう意味ではテレビという存在は私にとって大きかったと思う。家では絶対にテレビがついていたし、ダメなことなんて一切なく『セックス・アンド・ザ・シティ』とか全然流れてる家だった。

私が子供の頃は、『とんねるずのみなさんのおかげでした』と『うたばん』がやっていたし、『HEY!HEY!HEY!』『リチャードホール』『笑う犬の冒険』『めちゃイケ』。とにかくバラエティが好きだった。

その頃はコンプライアンスもそんなにきつくなくて、やっちゃいけないことをテレビでいっぱいやってたもんでそういうのを大声で笑って家族で観ていた。「おかげでした」はスタッフの人がすごい絡まれてて、この人は誰なの？ってお母さんに言うと「これはニユーテレスの人だよ」って教えてくれた。「この制作会社に入ればこの人みたいになれるよ」って言われてから私の夢がはじまった。「じゃあ私はニユーテレスに入ってADになる！」って言ったんです。

B・iSHで活動している時、『土曜朝6時 木梨の会。』という木梨憲武さんのラジオ番組に呼んでもらえるという最高な瞬間が来て、会った時にすべてを一生懸命話しました。「ニューテレスってワードが出てくるのがやばいね」って。ノリさんは私の母のことも気に入ってくれて自分のこと以上に幸せだった。その日ノリさんは木梨サイクルやいろんなところに連れて行ってくれて、さらには私のお母さんとも電話で話をしてくれて、これ以上の親孝行はないかも……とドキドキしながら横で見ていたのを今でも鮮明に思い出す。あの日は本当に最高だった。泣いちゃいそう。

私のホラー好きは子供の頃からはじまっている。怖い映画も怖いテレビも大好きだった。地上波で怖いものをやる日は家族揃っていつも観ていた。観られない時は必ず録画。ホラーとかサスペンスとか、21時からやる映画を絶対いつも家族で怖がりながら観てた。怖いんだけど、怖いものってそれ以上に楽しい。ハラハラヒヤヒヤするあの感覚は日常では味わえないのだ。今も大好きで怖いものを観るのが寝る前の日課。

たぶんそうやって育ってきたから今も好きなんだと思う。『ほんとにあった怖い話』なんて毎週のいちばんの楽しみだったな。

あとさっきも話したゲーム。『コール オブ デューティ』とか『バイオハザード』とか、ずっとお父さんと一緒にやってた。時間は決められてたけど好きなものをやれという精神で育ててもらっている感じだった。


テレビ業界に入りたいって言う前は、スチュワーデスになりたいって言っていた時があって。私はいい人生を送りたいって気持ちが子供の時から強かった。普通の人になりたくなかった。毎日通勤電車でつり革握って、朝から起きて同じ場所へ行きたくないって、なぜか子供の時から思ってて。じゃあ、その生活にならないためにはどうしたらいいんだろうと思った時、スチュワーデスは飛行機に乗って、いろんなところへ行っていろんな人と出会う。最高な仕事だと思った。

それなら英語ができなきゃダメだと、5歳の時にお母さんが英語教室に入れてくれた。習い事なんてお金持ちがすることだと思っていたのだけどなけなしのお金で英語教室だけは通わせてくれた。5歳から15歳まで10年間英語教室に通っていたから、中学まで英語だけは得意な子供だった。逆にそれ以外できなくて、小学生の時は朝起きて学校に行くのが嫌で嫌で毎日遅刻。でも義務教育だから、やめさせられることもなくて。小学生の時は中の中くらいの成績だったかな。とにかく先生に迷惑をかけて育ってきた。

勉強以上に、人間関係が面倒くさかったのです。誰と遊ぶ、遊ばないとか、あの子がこう思ってるかもしれないとか、そんなことばっか考えて小学生の頃からなんだか心が疲れている子供だったかな。

遅刻が得意な小学生

小さい時は自信家で生意気だったキャラ。
そのまま小学校に通いはじめたせいで、私は人間関係を作るのに失敗した。自分のことはちいちゃんと呼んで明るくてうるさい女の子。

クラスメイトから仲間外れにされる日もあった。だんだんと私はちっちゃくなっていった。その頃から人の顔色を窺うようになっちゃったみたいだ。「この子にこう思われるかもしれないからこれは言えないな」みたいなことを思うようになった。あと、「あの子はああいう服を着てるけど、私は持ってないから仲間に入れてもらえないかも」なんて思っちゃったり。

多分、若干の社会不適合者だったんだと思う。朝は学校には上手に行けないから遅刻ばかりしていたし、人間関係も失敗しているから、先生が心配して家まで来てくれたりして。今思うと特別扱いしてもらっていた。自分は普通だと思ってたけど、そんなことなかったみたいだ。

私が小学生の頃は、2人組とか3人組のグループがいっぱいあって、この2人組に入りたいと思ったグループに声をかけて3人でよく遊んでいた。スポーツもできて明るくて羨ましい子たちのグループに入れてもらうけど、でも私がうまく接することができなくていつからか壊れていって、また別の子に話しかけて、そうやってグループを転々とする。そんなの向こうからしたらウザいのかもしれない。懲りずにほかの子に遊ぼうって電話してみたり、断られたり遊べたりそんなのの繰り返し。今ならもっとうまくやれたろうにと思うのだけど。

そんなこともあったりしてたけど、めげずに生きていた。たまごっちなんて高価なもの買ってもらえないから、そういう仲間には入れなかったけど、普通に元気よく遊んでた記憶はある。
1年3組では名前順で私の後ろの席になった三つ子がいて、その子たちは長いこと仲良くしてくれた。男の子2人女の子1人、絵に描いたように運動ができて3人とも人気者。子供だったから仲良くなったり仲悪くなったり、チョコをあげたりいろんな時期があったけど長く続いた友達だった。

そして、今も唯一いる友達、というか親友は、これまた同じ小1の時に同じクラスだった子で、私の前の前の席の子。いい距離感で付かず離れず長いこと付き合ってきて、いつの間にか疑いもなく信頼できる関係になった。今はヨガのインストラクターをしてる。昔からオープンマインドって感じの子で、小学校の時はアニーの舞台のオーディション受けるって言っていつも明るく歌っていて、バレエもやってた。たまに発表会を見に行って、格差に圧倒される瞬間があったりした。私と真逆の生活をしている彼女。こういう女の子って生きてて楽しいんだろうなと思う典型的な明るい子って感じ。でっかいたまごっちを首から下げてて、可愛い服を着て可愛い自転車に乗っている。きっと欲しいものを買ってもらえる家なんだなって思っていたけど、いつだって気取ってなかった。どんな人にも対等に話してくれるいい奴なのだ。実はすごい好きだった。夢に向かってまっすぐなところもこれまた輝いていて羨ましい存在だった。

私は欲しいものを買ってもらえないことにひがみがあったわけではない。どちらかというと諦めを持ってた。本当に必要なものは必ず買ってくれる。一生懸命働いたお金で買ってくれる。それが幸せだった。サンタさんがくれたものとお父さんのお下がりのゲームをやっていれば最高に楽しいから、それでよかったのだ。

小学校を卒業したあと、一軍二軍があるとするると、一軍の人たちがみんな坂の上の中学校に行ってしまうことに気がついた私は、自分が坂の下の学区域にいることに愕然としていた。これでは楽しい日々を送れないと悟った私はお母さんに懇願した。「絶対に坂の下の中学には行きたくない！　ゴキブリ制服を着たくない！　坂の上の中学校に行きたい！」って。お母さんは好きなほうに行きなさいと言ってくれた。坂をふたつ上がって歩くと20分。ちょっと遠いんだけど、そこに行かせてもらうことになった。

八王子って結構高低差がある。それでもそこに行きたかった。そこに入らないと勝ち組になれないみたいな気持ちが強かったんだと思う。

そうやって入った中学は、小学校の時とは違う学区の人やいろんな人たちが集まってくるため、意地悪な人も一緒に増えてきた。これは想定外のこと。中学校は私にとって小学校よりもっと難しい学生生活になっていった。

その頃には、私は着々といわゆる陰キャになっていったみたいだ。

うまく生きられない

小学校での失敗があったから、中学に入ってからは目立たないように嫌われないように、そう思って生活してた。

部活を迷って、人気な部活に体験入部に行ってみたりしたけどちょっぴり怖かった。家に帰ってからお父さんに「かっこいい人になりたい」って言ったら、「ソフトボール部がいいんじゃない?」って言われて、ソフト部に決めた。ソフトボールは、そこから高校生まで6年間やってたし部活だけはすごく楽しかった。味わったことのない達成感とスポーツの楽しさを知った。

守備は転々としてたけど、特に長かったのはピッチャーとサード。体力を使うことは大の苦手なので外野は苦手。ちょこまか動くことが好きで、家の前でお父さんと素振りをしたり頑張ってました。

中学校では、とにかく毎日を平穏に過ごせるように、普通に1日授業を終えて部活をやる。まあほぼ1ヶ月の半分は遅刻しているんだけど。なんだかんだ部活でもいざこざがあってヘトヘトって感じだった。

私は鼻につくのだろうか。どうしたらうまく生きられるのかわからなかった。学年のトップを仕切っているギャル4人組がいたんだけど、その中でも頭の子が好きだった男の子が私に告白してくれた日があった。その日から生活はまた地獄へ。目をつけられてしまったのだった。学校の中でその子に会うのが怖くて、見つからないようにトイレでお弁当を食べていた時もあった。本当に便所メシってあるんだなあなんて思いながら食べる弁当は美味しいはずなのに味がしない。ほかの女の子たちも、その子の言うことを聞くもんだから、学年の半分の女子から無視されていた。

失礼ながら地味な部活系の人たちをジミーズって呼ぶ文化があったのだけど、ジミーズの子たちはとても平和なので、ギャルの命令とか関係なしに私と会話してくれた。ジミーズは良い奴らなのだ。そんな風に逃げ道を探しながら、困った時には男子と話す。そんな日々を送っていた。

たぶんそこらへんから私は男友達が楽だと感じるようになっていた。女同士の人間関係が本当に本当に面倒くさかったから。私、面倒くさいことがいちばん嫌いなんですよ。それと同時に、やられたらやり返したい気持ちはいつも心の底にあった。自分の見えないところで、動いていく命令や悪意に腹が立ってたから、やり場のない怒りをどこかで解消したかった。

いじめの主犯に見つかれば下駄箱のところで壁に手をつき喚き散らされる。周りで見ている手下たち。でも、絶対に言葉を発しなかった。不思議と涙も出なかった。その時殴れたら気持ちよかったんだろうけど、それはできなかった。弱っちかったなと思う。それでも屈しなかった。謝る必要はないし、心の中でやり返すと思うしかなかった。ドラマみたいな学校生活でした。

そのせいか、私は「こいつらよりも絶対いい人生送ってやる」っていう反骨精神がずっと強くあった。「今変えられないことはいつか変える」と。それはずっと思ってたこと。別に私こそそんなに頭は良くなかったけど、高校受験の時に「この人たちと同じ学校に行きたくない！」という気持ちで、とにかく勉強した。「よりよい人生を送るためには八王子近郊でトップ3の学校に行かなければ！」。出遅れた勉強スタート、中3からめちゃくちゃ勉強。

　結果3、4番目くらいの高校に入ることができた。私立は学費が高かったから、公立に行くか奨学金で私立に行くか、どっちかしか私には選択肢がない。けど、行きたかった公立の高校に行くことができた。内申点もそんなによくなかったので必死こいて1日10〜12時間ぐらい塾にこもってやって。「この人たちよりいい人生を送りたい！」って思いが、ある意味エンジンになっていた。生きる上で嫌なことがエンジンになってたみたいだ。

　この経験が私を強くした一つの出来事なのです。負けてばかりじゃ悔しい。とにかく一点集中で未来を変えるために動いたのがこの時だった。

　B・i・S・Hにいると、今苦しんでいる子たちから相談される時がたくさんあったけど、この経験でしか私は答えが出せなかった。強いですねって言われることも多いけどそんなことなくて、アリ地獄から必死にもがいてやっと光の差す世界へしがみつけたような気持ちだったのだ。受かった時に「安心」という、これ以上ないくらいの気持ちの落ち着きを全身で感じていた。だから弱い人の味方でいたいと思うし、負け続けるだけではない人生があるということも伝えたい。

まだ知らないどこかに自分なりの「優勝」が見つかる日が来ることを知ってほしいと思う。どんなに辛くても学校を休まなかったのはお母さんから、学校は休んじゃいけないって叩き込まれていたから。「当たり前にしなきゃいけないことはしなさい」と言ってくれる優しくて厳しいお母さんでよかったと思う。不登校にならず、反骨精神に心が向いたのは、お母さんのおかげかもしれない。

正直プライドはあまりなかったけど、負けたくないというそれだけで頑張れた。人生、長い目で見てたというか。今勝つ必要はないって思える子供でよかったと思う。

ひびこれこれ

ずっと私の生い立ちを話していても飽きてしまうでしょう（私なら飽きる）。ここで私が大事にしてきたことを話してみようと思う。

私は、〝ひびこれこれ〟という言葉を人生の指針にしている。これは小さい頃に母が教えてくれた言葉。日々是好日のことである。

たぶん子供だった私には日々是好日という言葉が〝ひびこれこれ〟に聞こえたのだろう。母には、「毎日が良い日になるようにしなさい。良い日も悪い日も自分の行いから作られているのだよ」と教えられました。良いことをしたらきっと幸せな瞬間が来て、悪いことをしたらきっとついてない瞬間が来るんだと思うように生きてきました。

だから何事も誰のせいでもなく自分の行いが返ってきたのだと思うことに

している。同時に、3歩進んで間違えたなら2歩下がってまたやり直せばいいと教えてもらった。私は大雑把ですぐ飛び込んでしまう癖があって、よく人生の選択肢を間違えるもんだから、この言葉が頭にあったことで何度も救われてきた。私にとって母はブッダでありリーベルタースなのだ。

もう立ち直れないかもしれないと思う大きな失敗もあった。どうやって生き直そうかと。だけど、2歩下がってすべてをリセットしてまた歩きだしてみると自然と光さす道が顔を出す。そんな感じで心が追い込まれないように逃げ道をたまには探す時間が必要なのだ。

だから私はB・i・SHを愛してくれる人たちにも逃げ道を作ってね、自分らしく自分を愛してね、と伝えている。それは私がそう考えてきたことで生きやすくなったからなのだ。

まっすぐな人間だから四六時中真面目に逃げ道を作らないなんて間違っていると私は思う。きっとただただまっすぐ進める強い人もいるのだろう。だけど私はそんなに器用ではないから、時には目をつむり嫌なことから逃げてやるという自分を召喚する。とにかく好きなことに集中、集中。スーパーテキトーになる時間を作る。そして、選択肢の道も自分で方向転換したっていいのだから急カーブをすることだってある。そもそもその人の人生の正解なんて誰が知るわけもなくて間違いだって他人が決めることではない。結局は自分を守れるのも自分でしかない。

だから今読んでくれている人がいるなら、自分の意思と自分の心と相談しながら、いろんなことを決めつけずに、そして追い込まれすぎずに生きていってほしいと願っている。

今の私の夢は幸せで愛する人たちとよく笑う、可愛いおばあちゃんになること。毎日が幸せの方向に向かう途中駅のようで、いつかの終点のためによく笑ってよく泣いて、感情のままにわがままに、時には少しの我慢もして自分らしく生きる。自分だけのイエスを探し続けて目を凝らしながら二度とこない現世を目一杯生きまくるのだ。

マクドナルドは進学校

入りたかった高校に入って環境は大きく変わった。ただ、逃げる気持ちに必死すぎて自分の学力よりも無理して入っちゃったもんだから、すぐに勉強についていけなくなっちゃって。同時に、気づいてしまった。私、ADになるからもう勉強しなくていいんだって。

そこから悪知恵を働かせた私は入学最初のテスト以降、勉強をパッタリとやめた。得意だった英語も苦手になっていった。中1で取った英検準2級も歯が立たない。あれれ？の日々。テストの時は何百人もいる生徒の中で毎回下から4番目くらい。だけど、それもそれで楽しかった。なるようになると。進学校だったから、退学になることが心配だった。

心配事はもうひとつ。高校からかかってくる学費だった。お金が必要になってくるけどお母さんに負担はかけたくなかった。初めてのバイトはマクドナルド。学校に行く前、学校の近くのマクドナルドでバイトをしてそのあと授業を受けにいった。学校が終われば部活をやって、またバイトしてっていう生活。

忙しかったけど、それが楽しかった。知らない人と関わるのが楽しくて、話すのが楽しくてマックで働き出してから人生観が変わった。接客業がすごく好きになって、毎日いろんな人と会ってしゃべったり、バイト仲間といろんな話をした。年齢も違うのに対等。いじめなんてなくて、笑ったりたまには怒られたりこんな楽しい世界あるんだと初めての世界を知った。

バイトがすっごく好きになってしまった私は、部活よりもバイトを優先するようになった。そこから3つバイトを掛け持ちして。マックと、八王子の居酒屋と、東京サマーランド。朝2時間マックでバイトして、学校が終わって2時間またマックで働いて、そのあと4時間居酒屋でアルバイト。サマーランドは土日だけだから、マックで5時間働いてからサマーランドへ行く。〝働く〟が生きる上でとても楽しかったのだ。自分のために使えるお金をもらえるのが何よりも嬉しかった。高校に入って初めて自分が使えるお金を手にしたのだ。

まず最初に欲しかった携帯電話をお下がりではなく自分で選んだ最新機種を買ったり、全部自分の自由に使えるようになった。交通費、学費、通信費、服のお金、食費。生活のものすべて。

そして残りの5分の1くらいは推し活。

中学3年生の時にコンビニで読んだ『B.L.T』で見つけた人生最初の推しメン。これ以降ここまで好きになる女の子に出会ったことはない。AKB48にハマってからはえれぴょんに会うために働こうみたいなモチベーションも私にはあった。私もいちオタクなのである。こんな天使はいない！と思った。そこから調べたらAKBは個別握手会というものをやっていた。

どうしても会いに行きたくなっちゃって、高校生になったら会いに行こうと決めていた。

ｍｉｘｉを使ってどうにかこうにか情報を得て手に入れた握手券。わからないことはお母さんに聞いて。誰かに会いたい時、意外と大体のことって道はあるもので、えれぴょんに会える道をいつも探してた。

初めての握手券を握りしめて向かった東京ビッグサイトはとても遠くてとても大きかった。大人がわんさか溢れた会場、ひとりぼっちだったけど胸は高鳴っていた。列に並ぶ時間はとても長かったはずなのに一瞬に感じた。

えれぴょんは私に初めて会った時、不思議そうな顔をしていたのを覚えている。私の周りに並んでいるのはおじさんや男の子ばかり、ポツンと来た女子高生に驚いているようだった。何回か通い、初日で彼女は私のことを覚えてくれて今まで味わったことのない幸福感に満ち溢れていた。オタクって楽しい。

ＡＫＢのライブに行ってはおじさんたちに交じってコールをしたり、生写真を集めたり握手会に通ったりがっつりオタクをしてた。まだまだ無知で、アイドルの文化がわからなすぎて、ｍｉｘｉで友達になった年齢もバラバラの人たちと現場で会っていろんなことを教え込んでもらっていた。その人たちと連番でライブに行ったり、本当に見ず知らずだった人たちからアイドルのことを教えてもらって。オタクの繋がりはとても強い。好きなものに集まった人たちの団結力は凄まじいのだ。

そして、とても優しい人たちばかりだった。

私の世界はまた一つ広がったのだった。

今でも人生の中ですごく仲の良い人はオタクの友達が多い。だからこそ、ＢｉＳＨになって、清掃員の気持ちがすごくわかる。仲良しが見つかってまた輪が広がってそうやってみんなが話している姿を見ると幸せになる。

学校は私にとって地獄だったから、それ以外で生きる場所を探してた時期だったかもしれない。塾や、お母さんが働いていたご飯屋さんが私の逃げ場所だったけれど、やっと学校以外の場所に逃げ込む楽しいところが見つかった気がした。

小さい頃はいつも学校が終わったら歩いてお母さんの働くご飯屋さんの裏へ行ってご飯を食べさせてもらってゲームをしていたが、少し大人に近付き、知らなかった人たちとマブダチになりご飯を食べて笑い合って相談事もして。当たり前にあるはずの友達がやっとできたのだった。

思い返してみると、たくさんの人たちに囲まれていろんな感情を教えられて私は育ってきたんだ。

音楽に救われた少女

高校生の私は、勉強にはきっぱり見切りをつけたけど、ADになる目標はまったくブレることがなかった。

高校を卒業したら本当は日藝に行きたかった。オープンキャンパスにも行ってみたけど、実践的でワクワクしたのは専門学校のオープンキャンパスのほうだった。最前線で働けるのは専門学校じゃないかと思ってからは、「ADになるので勉強しません」と先生にも堂々と宣言をした。

授業中はブレザーの袖にイヤホンを通して音楽を聴いたり、屋上に行って青空の下で寝ていたり、体育館の更衣室で早弁したり、そんなだらしない高校生活を送ってた。

そろそろわかってきていると思うけど、私は真面目なように見えて不真面目なのだ。不真面目な生き方をうまく探してきたのだ。なんの教えにもならないがそれが私にとって楽しく生きるための方法だった。

その頃には、生活の中で音楽が支えになっていた。中学生の頃、お母さんがCDプレーヤーをクリスマスプレゼントで買ってくれてから、CDを買うようになって。入学してまともに授業を受けない一匹狼みたいな女になっていた時期はずっとずっと音楽を聴いてた。

ある時先輩がMD（この時はMD大流行時代）にいろんなバンドの音楽を詰め込んだものを貸してくれて、その中に銀杏BOYZの曲が入っていた。帰り道、イヤホンから流れた「BABY BABY」が私に稲妻が走ったようにビビビ！と響き渡っていた。青春パンクにのめり込んだはじまり。青春パンクに孤独を救ってもらった。

「BABY BABY」を知ってすぐに銀杏BOYZからゴイステまで聴き漁った。

ソロデビューの時にカバーさせていただいた「夜王子と月の姫」は優しくて強くて私を救ってくれた曲。近所のTSUTAYAでたくさんCDを借りて、ソニーのウォークマンに入れて聴きまくる。通学路は私だけのライブハウスみたいだった。峯田は私のスーパーヒーローなのだ。

アイドルの現場はオタクの人に教えてもらって行けるようになったけどバンドの現場はどんな場所なのかわからなくて、高校生の私には少し怖かった。大人になるまでライブには行ったことがなかった。AKBはコンサートだったから席があったけど、バンドのライブはスタンディング。勇気があればよかったなと少し後悔している。でも、ヒーローはどこにいても救ってくれるのだった。

結局初めて行けたのは専門生の時、フェスだった。

サンボマスターを見た私はボロボロに泣いて、笑って叫んだ。こんな経験初めてだった。これが音楽の力なのだと感動を知った。

この頃に出会った悪友がいる。

いつのまにか仲良くなって今でも仲が良い子。彼女も勉強をしなかった。私と対照的でめちゃくちゃ面白くて芸人みたいなノリの女の子で、超人気者。いつも一緒に授業をサボっては早弁をして屋上で語らう。悪口よりも楽しいサボり方を2人で模索することが楽しかった。とにかくしちゃいけない悪いことを全部一緒にする子。

学校でおはようをしてから「つまんないから今からディズニー行こう」なんて言ってディズニーにそのまま行っちゃったり。授業に出なすぎて先生が屋上に呼びに来る日もあって、卒業できないギリギリを攻めた綱渡りのサボり人生。

すべてを共有できる関係になっていった。バイトも一緒。私にとっては唯一の目を合わせて笑い合える距離にいる親友がやっとできたのだった。

いちばん青春だったのは高2の時。

サッカー部のキャプテンの先輩と付き合ったこと。ここが私の青春でいちばん輝いていたと思っている。少女漫画の世界に入ったような時間だった。ある日の全校朝礼でキラキラの笑顔で一際背が高い先輩が目に入った。一目惚れというやつだ。見つめていると目が合ってしまってびびってしまった。奇跡が起こって、その人から声をかけられた時は心臓が飛び出ちゃいそうだった。

まあそんなに濃い時間を過ごせたわけではないけど、人生史上ナンバーワンのトキメキ！の瞬間だったのは間違いない。

高校を卒業してからは、AO入試みたいなかたちで、テレビ業界といえばここだっていう専門学校に入った。思ったより同級生もたくさんいて、40人のクラスが4つ5つあるような感じ。学科が違う人も同じ学校にいたから、小中高の延長みたいな感じだった。

悪友も行きたいところもないしと言って同じ学校に来た。そしてなんと、サブカル系の女の子を誘って3人でコピーバンドを初めて組んだ。

私はギターボーカルをやりたかったけど、じゃんけんで負けてドラム。チャットモンチーのコピバンをやるために必死こいて練習した。だけどものすごく難しくて心が折れてしまった私はポジション交代を相談したけど、代わってくれることはなく仲違いにより解散。

半年も経たずにやめてしまったけど、バンド名はしっかり考えていた。ロロット。トロールを英語にして逆から読んでロロットにしようって。トロールは怪物って意味もあって、私たちは怪物みたいなもんだし、可愛げもないからめっちゃぴったりじゃんって。その名前はすごく気に入ってた。

学校の入学式では行定勲監督が来てくれた。

授業は、拍手の仕方やリサーチの方法などいろいろあった。

BiSHでも収録の時にADさんが大きな拍手で盛り上げてくれる。あの瞬間を見ると授業のことを思い出すのだ。

いかに早く機材のコードを巻くかとか、ロケハン、企画書の作り方、台本の作り方、キャスティング、映像編集、マネジメントなどなど……1日5時間くらいの授業が週5であった。それに加えて、就職を頑張りたい人向けに土日はオープンキャンパスの手伝いもあって、実際にアイドルさんや芸人さんをキャスティングして番組作りの練習をすることもあった。現場で働くプロの人が講師として話をしてくれたり、映画鑑賞をする授業があったり、すごくワクワクする2年間だったんだなと今振り返ってみてしみじみ思う。

テレビ業界に猪突猛進の頃、まさかその後行定監督とB・i・S・Hを通して仲良くなれるとは思ってもみなかった。

第2章

私と
BiSHと
変身。

アイドルになっちゃった

専門学校は充実していた。

でも卒業した先輩たちを見てると、テレビ業界に入ったのにほとんどの人が辞めていく。故郷に帰ってしまう人が多かった。あれ?なんか思ってたのと違うのかもしれないと思いはじめた時期だった。もちろんきつい仕事なのも知っている。だけどそれ以上に楽しい世界のはずだと思い込んでいた。夢の場所は実はものすごく苦しい場所なんだということを知った。

それでも、私はとんねるずと仕事がしたかった。不安と隣り合わせでの就活。黒い髪にして、しっかり写真を撮って、履歴書を書いて。残念ながら憧れのニユーテレスでは募集がなく、入りたいと思った日テレの制作会社に応募した。面接もした。その時のとてつもない緊張は忘れはしない。

そんなある日、ひょんなことから芸能事務所の人にスカウトされる。

ここで私の人生は少し曲がり道を進んでいくのだ。

ある日、四大の人たちが主催している『UNIDOL』というアイドルコピーダンス大会に助っ人として出ることになった。オタク友達が日藝の子たちで、サークル活動に憧れがあった私は喜んで参加した。人から注目されて、コールをされながらステージに立ったのはきっとこの日が生まれて初めて。緊張しすぎて何ひとつこの日のことを覚えていない。そしてなぜかスカウトされたんです。最初は詐欺かなって思ったけど。

信じられないまま一応専門学校の先生に相談すると、意外な答えが返ってきた。「業界は何歳からでも目指せるけど、表で活動するのは時間に限りがあるものだから、先にやりなさい」って言ってくれた。学校は休学にしたらいいからと。就活中だった私は休学にして、ひとまずアイドル活動をしてみることにした。

親にも相談した。うちの親は何をやるにしても、あんたがやりたいならやりなって言ってくれるし、否定されたことが一度もない。学校をサボってても、これをやりたいからって言ったら応援してくれる。バイトもこれやる！これやめた！って話しても、そうなんだ頑張れ！というマインド。本当は心配だったろうに大きな心で応援してとにかく自由奔放に生きさせてくれた。アイドルになるって言ったらさすがにびっくりしてたけど、いいんじゃないってこれも応援してくれたのだった。

私自身、えれぴょんが大好きだったから人生の中でアイドルをやってみるのも面白いかもしれないと思ってはじめたのもひとつ理由にある。

事務所は初めてアイドルグループを作ったばかりで、正統派のアイドルグループの初期メンバーとして私は入った。でもすぐに疑念が生まれてきた。楽しいはずなのに楽しくなくて。綺麗な言葉を歌って可愛く踊ってにこやかに話す、みたいなのが私の性に合わなかったのかもしれない。「今の私、すごくつまんない人間になってるな」なんてことを俯瞰して考えながら、1年くらい活動した。けれど、歌うことも踊ることも、お客さんと話すこと自体も幸せであった。生きる道はここにあるかもしれないと思いはじめてもいた。

悩みは尽きない。地下から地上へ上がるのは相当な奇跡が起きないと難しいことがわかってきた。ここで地下アイドルをやって歳を重ねていくのかと思うと逃げ出したくなる瞬間はたくさんあったのだ。

そんな時、B・i・S・HのオーディションB広告を見つけて衝撃を受ける。これが私の運命を変えた瞬間かもしれない。ここに入ったら間違いなく人生が変わると思った。

いてもたってもいられず、事務所の人に「私辞めます！ B・i・S・Hに入りたいので！」と伝えると、わかっていたかのように頷いて応援してくれた。「強がりセンセーションがちひろちゃんのステップになったのなら」と、むしろ喜んでくれる温かい人たちだったのだ。

B・i・Sは、当時のアイドルの常識を覆した人たちっていうイメージがあったし、そのB・i・Sをもう一度はじめるっていうのがとにかく最高だった。こんな人たちがこの業界にいることが私は嬉しかった。

この場所で人生を180度変えたいと強く思った。新しく生まれるBiSHというグループにいる自分を想像した、すさまじくワクワクした。入りたい。入りたい。入りたい。ゾクゾクする初体験の感情だった。

応募したのはギリギリ。

確か締め切りの2時間前。2枚写真を添付してくださいって書いてあったけどその時自信がある写真が全然なくて、1枚しか送らなかった。きっと誠実ではなさそうにみられていたかな。

メールを送ってから1時間くらいして、なんと渡辺さんから「明日オーディションに来られませんか」と電話が来た。電話が来た時は飛び跳ねて喜んだ。すぐさま家族に報告。そして心の準備をする間もなく、翌日オーディションに行くことになった。

人生が動き出す

運命のオーディション当日。

オーディションに参加した時、正直B:i:Sへの憧れはあったけど渡辺淳之介という存在に対してまったく焦点を当ててなかった。カチカチと鳴らすボールペンの音、笑わない大人たち、とても怖かった。

隣にサウンドプロデューサーの松隈（ケンタ）さんもいたけど、当時はもっと目つきが悪くて怖かったし。ほかにも衣装のそってぃ（外林健太）さんやOTOTOYの飯田さんとかもいたけど、このときは誰のこともわからず目を合わせるのも少し怖かった。控室で知らない人から「何歳ですか？」「何歌うんですか？」と意味のない探り合いが投げかけられる。女の子の独特の空気。

いざ面接の部屋に入ったら、話していた曲と違う曲を歌う子もいれば、全然違うキャラでしゃべる子もいて、みんな人が変わったみたいで正直気持ち悪さを覚える空間だった。当の渡辺さんはいちばん興味がなさそうだった。あれ、この人オーディションする気あんの？って思うくらい本当に興味なさそうに見てて。「はい、ありがとうございましたー」と繰り返す。たまにニヤッとする瞬間だけ空気が変わった。

私の番になったとき、ちょっとニヤッてしたんです。歌唱審査では、当時アニソンが好きだったので「ハレ晴レユカイ」を歌った。渡辺さんは歌っている時興味なさそうだったけど、松隈さんがギロッ！って睨んできて。私はてっきり「なんやコイツ、ヘタクソな歌うたいやがって」って思われたんだと思った。特技もないので私の番は終わり次の子の番だなと思っていたら、渡辺さんが話しかけてきた。

「ちょっと脱げる？」と言われた時、やっぱこういう事務所なんだって思ったなあ。少し迷っていたらちげえよって言われて。ヒートテックでいいから脱げって言われたから脱いでみました。とりあえずやれることやんなきゃと思って。向こうからの質問はそこで終わったんだけど、なんとなく「私受かるんだ」って勝手に思った。なんかよくわかんないけど自信があったというか。何かをつかめた感じがして。まっすぐに想いは伝え切れた気はしていた。

最後に質問ありますか？って言われた時、私にとってすごく大事なことだったので「お金はいただけるんですか？」って質問をした。嫌われるかもしれないけど、私の人生において大切なことなのだ。お金もないのに飛び込むっていうことは私の生き方では不可能だったから。そしたら、すごく安心できる顔で「大丈夫です。最低賃金として絶対に月10万円は渡すから」って言われて、すごくホッとしたのを覚えてる。

面接が終わって部屋を出たら小さい背中をした女の子が机に座っているのが見えた。こういう子が受かるんだろうなと思いながら横を通って帰った。それが後に出会う、モモコグミカンパニーだった。

私はグループの練習があったので、その足で新宿御苑に向かっていた。駅の改札を通る時に知らない番号から電話がかかってきて、出ると渡辺さんの声。

「合格です」の言葉。

身体に電気が走るみたいに興奮した。

たぶんすごい顔で新宿御苑の駅を走り出したと思う。そのまま練習場に行って「BiSHに受かりました!!!!」って報告した。そしたら事務所の人もメンバーもすごく喜んでくれて。お母さんにも連絡した。どんな時もよかったねって素直に一緒に喜んでくれる母。この時も喜んでくれた。母がいつも背中を押すのではなく見守ってくれるから私は何にでも飛び込めていた。

当時の話を1年くらい前に渡辺さんに聞いたことがあって、「チッチは最初から決めてたんですよ」って言ってて。そんな感じがしなかったから驚いた。ハグ・ミィとかアイナとかモモコの面接のことはよく聞いてたけど、私のことってなんか自信ありげだったよねくらいにしか言ってなかったから、その言葉を聞けた時なんだか嬉しくてホッとした。もっと早く言ってよって思ったけど。この8年くらい知らなかったのなんかもったいなかったなーなんて思ったり（笑）。

でも、そこで渡辺さんが感じたものがテレパシーみたいに突き抜けて私に伝わってきたんだなと納得するものはあった。ガチャっとハマった不思議な感覚。

そうして合格して、初めてメンバー4人と会った。

その時の印象は「スーパー気まずい」。もともと私はアイドルをやっていたからこそ、アイドルとかグループの空気感の自然なものが勝手にあって。ほかの4人の空気感の違いに驚きを隠せなかったし、自分が逆に場違いかもしれないと思って焦った。当時の私は、水色のトレーナーに白いタイツに水色のチェックのパンツを穿いていて、あれ、普通の格好の人たちばっかじゃんみたいな。私のアイドルのイメージって、フワフワで可愛い人たちだったから、あれ？かわいいではないな……と正直思った。

アイナはちょっとギャルみたいで、いじめられたくないなとか考えたり、この人すげえ私のこと見てくんな……それがモモコ。ハグ・ミィとユカコのことはアイナとモモコのインパクトが大きくて正直、覚えてない。

アイナはいいヤツそうなんだけど、関わったことのないテンションの人でしゃべってても最初は仲良くなれる気がしなかった。あとやっぱ怖かった。仲良くなれそうな普通の子見つけた！と思ってモモコに話しかけたら全然普通じゃなくて。あ、やばい思ったのと全然違うかも。大丈夫かな、うわーみたいな（笑）。想像していたパズルがバラバラーって落ちてく感じ。どんなグループになっていくのか不安で怖かった。

その日はメンバー同士で話すわけじゃなく、渡辺さんのお話をみんなでうんうん言いながら頷いていている感じ。アイナは関西弁ゴリゴリでしゃべってて、確かハグ・ミィもすごいしゃべってた。

その後、渡辺さんが少し暗いカフェに連れてってくれて、ご飯を食べたんだけど、緊張しすぎて全然覚えてない。

私はその時でさえも、「この中で生きていかなくちゃいけない」みたいなことをずっと考えてて。渡辺さんに気に入られなきゃとか、ずっと考えてた。

よくないいんだけどとにかく必死だった。

うんこをかけられて

Ｂ・ｉＳＨの楽曲を初めてもらった時、私の中にあった固定観念を覆された。ロックでパンクだった。最高だった。レコーディングをしていくうちに、松隈さんへのリスペクトと安心が膨らんで一つも捨て曲がないと思うようになった。

松隈さんからレコーディング中にいろんなことを教えてもらった。私の声を気に入ってくれた期待に応えたかった。レコーディング中に「こうしなきゃ」と思って歌ってることを指摘されて悔しかったことを覚えている。「まっすぐにチッチのまま歌って」って言われることが多くて、それが初めて言われた言葉で素直に嬉しかったし歌うことがもっともっと好きになった。歌うってこんなに心地いいんだ、表現ってこんなに豊かな気持ちにさせてくれるんだって感じられたのは松隈さんのおかげ。

当時、メンバーはこの世界に慣れてなかったから、練習とか仕事より体調を優先して休んだりすることもあった。バイトのシフトみたいに「明日休みます」みたいな感覚。

ある時、レコーディングに来られなかった子たちがいた日があって。そしたら、来た子の声だけで曲が完成してたんですよ。だから「サラバかな」とかハグ・ミィは入ってない。それは衝撃だった。物申した子に対して松隈さんと渡辺さんが「来ないやつの声なんか入れねえよ」って言って。今となっては当たり前だけど「休んではいけないんだ……!」って。本当に人生を懸けなきゃいけない場所なんだっていうのは、そのレコーディングで改めて知った。

知ったのはそれだけじゃなくて、私はストレートに歌う人だったけど、アイナとユカコはかなりエッジの効いた歌い方をする人だったから、それを修正していく様子を見てたら、「こんなにうまいのにこの歌い方じゃダメなんだ」とか「これは良くてあれはダメなんだ」とか、すごく難しくて。

「ギターを持ったと思って歌ってみて」とか「ライブだと思って歌ってみて」とか、みんなも同じことを言われる中でだんだん全然違った歌が生まれてきて。しっかりした場所でレコーディングしたことも初めてだったから、すごくワクワクして楽しかったんだけど、1ヶ月分くらい疲れたのをすごく覚えてる。B:iSHの音楽はこうして生まれていった。

デビューアルバムに入ってる「B:iSH−星が瞬く夜に−」のMVを撮った頃は、まだB:iSHに加入してすぐ。「明日のスケジュールは○○です」とか言われない。「何時にここに集合です」だけ。生と死の不安があった。初めてのMV撮影だからとワクワクして「どんな感じで撮るのかな？」と思ったら、今から歌ってくださいと言われて歌っているとうんこをかけられて。私これで生きていくのかって思いながら歌ってた。臭いし痛いし、不安にまみれていく感覚。絶望感。やばい。どうしよう。その時はあのMVが話題になるとも思わなかったし世界はなにも読めないのである。

ライブに生きるしあわせ

B・i・S・Hで初めてのライブは2015年の4月。ゲリラでの出演。前のグループでは持ち時間15分が当たり前だったから15分以上もらえるのが最初の驚きだった。初めてのライブなのにお客さんの熱量もすごかったし「私たち動物園の中に入れられてる?」みたいに感じた。

ライブが進むとそれが次第に、「すごいここ!」「気持ちいいかもしれない!」みたいに変わっていって。少しずつ場数を踏むうちにライブが嬉しくなっていった。けど、それと同時にこれはB・i・Sが作り上げた現場なんだっていうのも感じた。アイドルといえど、いちアーティストなんだって思わなきゃいけないっていうのは、B・i・S・Hで初めて知った。前のグループにいた時は歌うことに対して、正直自分もそこまで熱量がなかったけど、B・i・S・Hになってから1曲1曲、歌とダンスの反省を自然と毎回するようになっていった。

渡辺さんが提案した連続セットリスト。同じ曲を連発するのはわけがわからなくて面白いなって思った。「そんなことしていいんだ？」って思ったけど〝やっちゃいけないこと〟をやるのがB・i・S・Hの当たり前になってきていた。その頃から、〝やっちゃいけないこと〟を提示されると嬉しくなっちゃうようになって。「あ、これやっていいんですか！」みたいな気持ちになってきて、どんどん感覚が麻痺していって、それが気持ち良くなって、カウンターを打てれば打てるほど良かった。

お客さんが知らない裏側では、渡辺さんに、こんなに怒られるんだってくらいいっぱい怒られていたB・i・S・H。怒られて怒られて泣いてばっかり。怒られることは全部その通りだった。だから泣いていたのだろうと思う。

思い返せば初めてのライブの時、前日の練習でモモコが休んだことがあって。モモコは、前日は無理しちゃいけないからと思って休んだって言ってる。

怒られるにはそれ相応のことがあって。でもふざけんなよと言えない私にも問題があって。気持ちが伝わるライブをするためにどうすればいいのか、怒られることが多かった。学芸会みたいなライブしかできなかった頃、渡辺さんの的確な指摘がなければ成長できてなかったと思う。

メンバー全員いつ辞めるかわからないし、辞めろと言われるかもしれない。これで大丈夫なのかなってすごくイライラしてたのが正直なところ。デビュー前に辞めてしまったユカコラブデラックスは誰よりもプライドもあったはず。バンドでフロントマンとして歌っていたんだから、嫌なことも人一倍多かっただろうと思う。辞めると言い出した頃には私は諦めていた。彼女の声が好きだったから悔しかった。だけど、やる気がない人間はここにいてほしくない。毎日死ぬ気でやってるメンバーがいる以上、それくらいの気持ちでいるやつと一緒にいたくないと思う、冷たい心に持ってかれてしまっていた。

涙を流して彼女を止めたモモコはやっぱり心から優しい人間だと思う。〝普通なら〟はモモコに通用しない。いい意味で。それがグループに良い作用をしていたと思う。

そして8月、リンリンとハシヤスメ・アツコという新しいメンバーが入ってきた。しかしメンバー間の雰囲気は解消されなかった。リンリンは超ナイーブで不思議。あっちゃんも初期の頃はトゲトゲしていてどう接していいかわからなかった。悩みがそのまま2人分増えた感覚だ。特にあっちゃんは本当に尖ったナイフのような人で、オーディションの時も自信満々な空気、強気な言葉、独特な態度だった。私はこんな人入れたくないって思ってたけど、アイナが「渡辺さん、この人好きそうやん」みたいに言ってハシヤスメが残った。リンリンは可愛かったから、私が妹キャラだった当時、立ち位置を取られないかが不安だなあという心配事はあったけど、結局全然違ったんだけど(笑)。でも最終的には思った通りの人たちだった。

私は、ハグ・ミィが大好きでした。お姉ちゃんみたいにすごく信頼感があった。いろんなキャラクターのメンバーが喧嘩しそうな空気の中、彼女は普通の会話を唯一できて面白い安心できる人だった。一般的な当たり前が通用するってこんなに嬉しいことはなかった。だからこそ、こんなに仲の良い人が辞めてしまうことは悲しかったし、とにかくB・i・S・Hが大きく揺らぐと思う事件だった。相当ショックを受けていたなあ。

明日誰が辞めるかわかんないという気持ちは、2016年の8月にアユニ・Dが入るまでずっと思ってて。それは自分に対してもそう。明日死ぬほど辞めたくなるかもしれないっていうのはずっとあった黒い心だ。周りから見たら私たちは怖かったと思う。私もトゲトゲしなきゃみたいな感じでいたし、どうしていいかわからなかった。みんな最初の頃は、挨拶の仕方も知らなくて、なんでこんなこともわかんないの？みたいなことが日常にありすぎて。それも今では愛しい記憶になっているのだけど。だけどここでやっていかなきゃいけないし、私はB・i・S・Hのキャプテンになりたかったから、すごい辛かったけど毎日報告メールを送る。とにかくしがみつく。それしかなかった。いつクビにされるかもわかんない。ずっと不安な毎日を過ごしてた。

セントチヒロ・チッチが生まれた日

何かが欲しかった。

ＢｉＳＨでキャプテンという役割をもらうまで、私は個性がない自分が嫌いで、肩書きがない自分に自信がなかった。こんなに個性的で不思議な面白さを持ったメンバーたちの中で、普通の人間が輝けるはずがない。

だから、キャプテンという役割が私にとっては大切で私を構成して行く上でなくてはならないものだったのだ。

キャプテンの称号をもらった時にやっと自分の居場所ができたと思った。


だけど、その肩書きは私から消えた。

失くしたのは自分のせい。

失敗の日の話をする。その頃のB・i・S・Hは過酷な企画もやっていた。ハグ・ミィがまだメンバーにいた頃、『DiET or DiE』という企画でみるみる痩せて可愛くなったのを見て、私は羨ましく思った。自分からやってみたいと言ってしまった。

それが私の甘さだったのだ。

自分なら大丈夫だと過信していた。

なぜなのだろう、こんな過酷な企画、今の私ならやらなかっただろうと思う。それは体重計測をして次のツアーまでに目標体重まで痩せるという企画だった。

スタートしたこの企画、思ったよりも大変だった。目標の5キロマイナスを1ヶ月で達成するのはそう簡単ではない。

頑張りきれなかった私は1度目、呆気なく失敗してしまった。渡辺さんの反応は思ったよりも厳しく、だけどもう一度だけチャンスをくれたのだ。

これを失敗したらキャプテン降格。

私のセントチヒロ・チッチとしての人生が終わる。そう思った。2週間もすればお客さんの前で体重測定をして、毎週末のライブツアー中に測定がやってくる。必死にダイエットした。健康な痩せ方なんてわからないしそんなことを考えてられなかった。簡単に言うと、食べないことしかできなかった。

1度目の測定は成功。目標を上回り、前の体重より6キロ落ちていた。だけどそのあたりからライブも全力で踊れず、身体だけではなく心も元気を失くしていった。大好きなライブで全力を出せないことが悔しかった。美味しそうに食べ物を食べる人を見るのも辛かった。久しぶりにご飯を食べてみると喉の奥がズキズキしてうまくご飯も食べられないし、上手に生きたいのに生きづらくなっていた。私は自分らしさをみつけたかったのに人間らしさを失いどんどん迷い込んでいった。

でも、どんなに過酷でも辛くても全部自業自得なのだ。
それがわかっていたからなおさら悔しかった。

ツアー沖縄公演、私はマイナスした体重を維持しなければならなかったわけだけど、計測で400グラムくらいオーバーした。ライブハウスはお通夜みたいにシーンとして渡辺さんは怒っていた。そりゃそうだ。失敗したのに私は謝らなかった。メンバーも何も言ってくれなかった。何も変えられなかった。そりゃ怒られる。

音を立てて何かが崩れてしまった気がした。同時にピンと張っていたものがブチッと切れた。私の中の私が顔を出した瞬間だった。

目に入るすべてが嫌いになった。

憎らしくて仕方がなくて全部がどうでもよかった。

これが本当のセントチヒロ・チッチのはじまりだと私は思っている。自分が相手を嫌いということは、相手に好かれる必要もない。ましてや媚びる必要もない。自分らしく好きに表現して誰がなんと言おうと何にも気にならなかった。ライブは好きだしやる、だけど指図はされない。どれだけ誰に怒られても何も私の中に響いてこなくなっていた。気づけば笑うことも少なく目も合わせられない人になっていた。何百グラムのオーバーで、優しかった人たちが変わっていくのがすごく悲しかった。

実家に帰ってご飯食べても不安になってしまって、うまく食事できない。そんな私にお母さんも気づいていた。その時初めて「B・iSHを辞めたら?」って言われた。お母さんからの辞めたらはいちばん響いてしまう。そう言わせてしまったことが悲しかった。

そんなある日の深夜練習の途中、すべてが爆発する。
「B・iSHを辞めたい」と言ってしまったのだ。

だけど私はこうして今もB・iSHにいる。いろんなことがあったけれど踏みとどまれたいちばん大きな理由はアイナだった。

ある大阪の日、アイナからパンケーキを食べに行こうと誘われた。ハグ・ミィとリンリンと4人で行って。その時に「チッチがいなくなったらB・iSH

が終わると思って」とまっすぐな眼差しで伝えてくれた。
その言葉にハッとさせられたのだ。私、自分のことしか考えてなかったんだ。まだまだ不安定だったBiSHの未来なんて考えていなかった。キャプテンがどうとか言っていたヤツがいちばん周りのことを想っていないことが情けなかった。「半年も経てばたぶんチッチはいつもどおり笑ってるよ」。その言葉を信じて辞めない選択をした。

彼女の言葉通り、私は半年も経てば私らしさをみつけて笑ったり適当さを程よく身につけた自分に出会えた。むしろ周りの人のことがもっと大好きになった。なんでだろう。

これを経験してからは、反対のことを言う人のことはまったく気にしなくなった。今のありのままの私を愛してくれる人のために、全力で生きて愛を届けることが私の使命だと思えるようになった。すべてを受け入れて水に流すように、もう一度向き合ってくれた渡辺さんにも感謝している。アイドルやアーティストだからってファンやその人が望む人間になる必要はない、それは愛ではない、と私は思う。

私の殻が破れた時がいつか?と聞かれたらここだろう。私も人生の中で、試練の時間だったと思う。型にはまるつまらない人間から、今日まで意志が強くなっていったのはこの試練があったから。


そして今も私が私らしくいられるのは、キャプテン降格以降も、メンバーたちが私をリーダーとして頼ってくれたこと。みんなやスタッフさんたちが大事な時には「セントチヒロ・チッチ」を立ててくれたからだと思っている。

みんなが私を成り立たせて、いろんなボールを投げ込み助けてくれて成長させてくれていたのだ。

楽器を持たないパンクバンド

メジャーデビューすると何が変わるのか。私たちは全然わかってなかった、わかろうともしてなかった。変わりかたなんてわからなかった。「とりあえずお金がもらえるのかな」なんて思ってたけど、メジャーデビュー＝売れるではない。

大きく変わったことといえば、なんでもやってくれる大人が増えた。本当はレーベルがするべき仕事じゃないこともエイベックスのレーベルスタッフさんたちがやってくれて、大人への信頼が生まれていった。私たちに真剣に怒ってくれる大人も増えた。涙ぐんで真剣に今の状況がどうあるべきかを教えてくれた日のことは忘れない。忙しくなって自由は減ったけど、また新しい自由を教えてくれる人たちに育てられて私たちもちゃんと覚悟を持たなくてはいけないのだと思えるようになったのだ。

メンバー内でもいろいろあった。会食なんてしたこともなかった私たちはエイベックスの偉い人とご飯に行くことに。練習からちょっと疲れ気味で向かったその日はなんだかメンバー間もピリピリしていた。ご飯屋さんに向かっていると急に大きい声がした。後ろを振り向くとハシヤスメがアイナの胸ぐらに掴みかかってて、アイナもすごい形相で何かを言い合っているのだけどどうにもできず、私はお店の中に逃げ込んでしまった。実はこの日のことをだいぶ後悔している。逃げてしまったことが申し訳なかったと今でもアイナに謝っている。でもこんなピリつきがある中で、まずはメジャーデビューが嬉しいって気持ちでみんないっぱいメジャーデビューしたんだ！って言えるグループになったのがハッピーだった。親孝行の一つがやっとできたなって、みんなで思えたのは事実だった。

メジャーデビューにあたって、B:iSHのキャッチフレーズだった「新生クソアイドル」は捨てると言われた。そもそも「Brand-new idol SHiT」を略してB・i・S・HだからSH何が変わるんだ？って思ったし、誇らしくクソを掲げてきたグループとしてはちょっと切なかった。その日からアイドルという言葉も封印。大きなものにハマっちまったなと思いながらも受け入れるしかなかった。そのあとにつけられたキャッチフレーズ「楽器を持たないパンクバンド」って言葉は最初よくわからなくてフレーズもしっくりこなかった。違和感に少し笑うくらいまだ受け入れられなかったのだ。正直、活動しているフィールドはアイドルだったし、アイドルを捨てるとどう転んでいくのか不安で仕方なかった。アーティストとしてちゃんと考えていかなきゃいけないフェーズに入ったのか、どんな場所でも気を抜いちゃいけない、みたいな気持ちが芽生えたのはここからなので結果的に良かったんだけど。

どのフィールドでもとにかく舐められちゃいけないと思うと息苦しい。だけどそうありたかった。どんな対バンでもとにかくダサくない自分たちでいなきゃ、私はそう考えるようになっていった。

同時に、目指したい場所が変わっているなと感じた。活動する中でずっとB・i・Sの亡霊に悩まされていたけど、ちょっとずつ自分たちの道を歩けている感じがしていた。B:iSの二番煎じだと比べられたり、B:iSのアレね〜なんて言われるのがすごく嫌な時期もあって。比べないでほしかったし、B:iSHはB:iSHだって言いたかった。だからプー・ルイさんとの対談に行かない日もあった（今は申し訳ないと思っている）。でも、B:iSがあったから生まれたグループがB:iSHなので、毛嫌いするのも違う。好きだけど比べられることに悩みながら活動していたから、アイドルの冠が外れたことでちょっとだけ前進できたなって思えるようになった。

メジャーデビューしてから、ワンマンをするライブハウスの規模はどんどん大きくなっていったけど、自分たちとしては急に規模が拡大していってるって感覚はなかった。ある日突然大きな箱が決まったよと言われる。だから、いつも必死だった。そこにしがみつくのだ。だって次があるかわかんないから。背伸びして会場を押さえてくれてるから、どうしよう、どうしよう、どういうライブしなきゃいけないんだろう、お客さん埋まるかな……ずっと焦ってた気がする。

最後のピースがはまった

アユニ・Dの加入。

2016年8月、3期というかたちで彼女が入り6人体制になったBiSHは大きく変わりはじめた。きっとアユニじゃないほかの誰かが入ったとしても大きく変わっていったはず。だけど純粋無垢な彼女だからこそ、この破天荒な5人の中に上手に、たまには間違えながらすーっと6人のBiSHを形作っていってくれた気がしている。

新しいメンバーが入ることが決まって、珍しく5人の意思が固まっていった感覚があった。末っ子だったリンリンと、我が道を行くあっちゃんにも「ちゃんとしなきゃいけない」みたいな意識ができた。正直私はずっとハグ・ミィロスに悩まされていて、大好きな人が隣からいなくなるってこんなに辛いのかとこの頃はまだ前を向けていなかった。メンバーには言えなかったけど。

ハグ・ミィが抜けてから数ヶ月だけ5人の期間があった。その頃は不思議な結束感が生まれて、今までより違う感覚で固く結ばれたグループになっていた。いろんなことに揉まれ、それぞれが大小あれど心を病んで何も失いたくないと思っていた時期だった。誰もこのグループに入ってほしくなかった。これ以上かき乱されたくなかった。

そこで生まれた結束感が、その後みんな同じ心の方向を向けたことに作用してると私は思ってる。あの時間はとても大事だった。5人時代がなかったら、今の6人の関係性には絶対ならなかった。

新メンバー募集ってマジで怖いのだ。マジでイヤなのだ。せっかく積み上げてきたものを壊されていく感じ。そんなことないはずなのに、期待よりも怖さの方が強かった。アユニの時もすごくすごく怖かった。どんな人が来るか会うまでわからないし、恐ろしい。だからこそやっとのことわかり合えてきた5人でいたい気持ちが強くなっていた。

そんなことも知らずにアユニは北海道から上京をするという人生の大きな決断をしてくれていた。突然渡辺さんからLINEグループの招待。「これからこの子が引っ越してくるから世話してやってくれ」。私がお世話!?なんてびっくりしたけど、お世話を任されて少し嬉しくもあった。アユニはとっても若くて少女だった。今思い返せばとてつもない不安と寂しさに押し潰されそうだったはず。少しでも安心できるように渡辺さんと私の家の間に引っ越してきたアユニ。かわいい。

初めて会った日のことは今でも鮮明に覚えている。もちろん化粧なんて知らず、透き通りそうな白い肌の女の子が少し震えながら三軒茶屋の街を歩いてきた。みんなと会う前日に、2人で練習に入った日。会ってみたら、すごく弱っちい子で、終始不安そうにしてた。やばいやつが来る!なんて想像と真反対の子で、逆に守ってあげたい！と思う私がいた。育ててあげたいって感情は初めてだった。練習後にお腹が空いた私たちは、何か食べたくて目に留まったマクドナルドに入った。初めての2人での食事。てりやきマックバーガーを嬉しそうに頬張って「初めて誰かにご飯を奢ってもらいました！ありがとうございます」って。東京という未知の世界に飛び込んできたアユニといると、何にでも驚いて感動してワクワクしている表情が見える。それもまた私の日々の楽しみになっていった。

だけどそううまくはいかない。2人から6人になってからの雰囲気は、もう最悪だった。よくアユニが言ってる表現で「女豹たちの中に投げ入れられたひよこ」みたいな感じ。練習の時は部屋の真ん中にアイナ、モモコ、リンリン、あっちゃんの4人がいて、角にアユニがいて少し震えている。「あ」とか「え」とか「はい」しか言葉が出てこない。もはやカオナシみたいなことしか言えないアユニが本当はどう思ってるのかわからないけど、こうなんじゃないか（ほぼ私の意思）と4人に伝える。4人と1人の間を行き来して、通訳をする。これどうすんだよ~って……そんな状況。どうにかこうにか必死にコミュニケーションを取りながら練習して、アユニはちょっとずつ言葉を覚えてく人みたいな感じだった。

次第にメンバーたちも彼女の純粋さと素直さを知り、偽善の優しさからちゃんとした優しさに変わっていった。本心の優しさは伝わるものだ。だからアユニも心を開いていけるようになったのだろうなと少し外側から見ていた私にはそう思える。まずその時だってツアーとアルバム制作でスケジュールがパツパツでまだ受け入れる心の準備もまったくできてなかったのだ。シンプルにアユニがまっさらな少女過ぎたのもあって、5人とも接し方に迷っていたのだろう。

ツアーの合間の深夜練習の日々はなかなかにストレスが大きかった。でもいつだって私たちはやるしかないのだ。コミュニケーションを放置することもできたけど、明らかに右も左もわからないひよこが無理をしてる姿を見ているとなんだって私もやれる気がした。メンバーの繋ぎ目にならなくてはと私なりにもがいていた。放置したらやめちゃうなと思ってた。少し突けば泣き出しそうな彼女が折れないように、やめたくならないようにって、傘をさしてるような気持ちで支えた。

私がこんな気持ちになれたのは、キャプテンを降格させられても私をキャプテンだと思い続けてくれたメンバーがいたからだと思ってる。だから私も全部に責任を持っていたかったたし、向かってくる壁に率先してぶち当たってやりたいと思っていた。今だってそうだ。たぶん解散した後だってそんな感覚でいる気がしている。セントチヒロ・チッチの意思はみんなが生んでくれて、そこからずっと私の心の中に生まれ続けているのである。

そしてこの6人でチーム感が生まれたのは10月の野音ライブ『BiSH Less Than SEX TOUR FiNAL"帝王切開"』が終わった時。

もともといた5人に1人くっついたって感じで、どうやったら固まるんだろうってずっと考えてたけど、わからなくて。わからないまま野音を迎えてやってみて、終わった時に泣いてるアユニを見て、4人の顔を見て清掃員を見て「あ、なんか1つになった気がする」「これがB・iSHなんだ」「これだ」ってすごく思った。清掃員にこれがB・iSHなんだよって教えられてる感じがした。私たちが見せるのではなくて、逆にお客さんがそう認めてくれて教えてくれた感じがする。

野音でのライブは、まだ体重も戻りきってないけど私自身やっと自分の日常のペースを取り戻してきて自然に笑えるし他人のことも素直に好きだと思えるようになっていた。不思議なものだ。食べ物が受け入れられない時期、喉を痛めて声がガラガラになってしまったり気持ちも落ち込んでいたけど、そこはメンバー以外の人はあまり知らないこと。

少しずつだけどご飯も食べられるようになってきて、やっとフルパワーを出せるぞ！というライブが野音だった。アユニも必死だったし、メンバーも必死。私も必死。「オーケストラ」っていう、何かが生まれそうで、私たちも変われそうと思える曲が9月にできて、それから1発目の大きいライブが野音だったから、すごく大事な1日だった。だからこそ記憶に色濃く残ってるのかも。

その時のライブ映像がきっかけで、BiSHのことをツイートしてくれる人が一気に増えた。音楽関係者、芸能界など、「ライブを見てBiSHを好きになった」って人がすごくたくさんいて。だからもしかしていろんなことが重なった奇跡的な日だったのかなと思う。それからBiSHがいろんな人たちに届いていっている感覚が強くなっていった。

「オーケストラ」が誕生してからは、苦痛や怖いことが減っていった。与える必要もなくなったのだろうか。こういう楽曲を歌うBiSHも世間に受け入れられていくんだってことがチームとしてわかってきて、自分たちでも計り知れないBiSHが歩き出したのかもしれない。

逃げ道をつくるのだ

日々いろんなことに追われたり、考えすぎて悩んで苦しくなっている人は少なくない。清掃員からの手紙を読んでいても思うことがあるし、同世代のアーティストの話を聞いていてもそう思ったりする。今この本を読んでる人の中にも当たり前にいると思う、そして私自身もそういう時があるんだ。苦しさでパンパンになってしまって、全部投げ出したくなるとか、時には思考が停止してしまう。あー人生やめたいなーなんて時、私も全然ある。

でも、そうなるくらいだったら上手に自分の逃げ道を見つけるほうが生きやすい。無理なら無理って言う。それでも無理と言えない時には無理じゃない道を少し自分なりに道を曲げて考えてみる。当たり前に選択肢が1個や2個だと思わないで、無限に広がっていると感じて、自分で作っちゃうっていうのを心がける。大人になると選択肢がこれかこれしかないみたいなケースが多いけど、でもそんなわけがない！と私は信じている。イエスかノーだけなわけがなくて、絶対もっと道はあるはず。だから自分で逃げ道を見つけるようにしてるし、誰かが困ってたらいくつでも道を見つけてあげたいと思って一緒に考える。考えて考えて考える。逃げ道じゃなくても、選択肢がもっとあるんだってことを意識して生きてみると意志も自然と湧いてくる。目の前で困っている人がいれば一緒に見つけてあげたい。綺麗事じゃなくて死ぬより逃げたほうがいい。そう言いたい。

本当に辛くなったら人にしゃべるのがいい。とりあえずしゃべって、話し合ったりディスカッションしたりすることによって、自分じゃない考え方がその相手から出てくる。そうすると、悩みがすごくどうでもよくなったり、こういう生き方をしてみようって思えたりすることがある。

私は信頼している人でもその日出会った知らない人でも話してみるのが好

きだ。飲み友達も同世代ばかりじゃない。上でも下でも年齢関係なく、なんでもかんでもいろんなことを話すことによって私は学ぶ。

生きる場所や歳が違うと生まれてくる考え方も人それぞれですごく面白い。素晴らしいことをたくさん聞けるし、自分の人生の選択肢を増やすことになるのだ。友達に年齢なんて関係ないのだ。きっと私がどれだけ重い話をしたってさ、聞いてくれた人の人生にそんなに影響もないはず。

だから、聞いてよ！聞いてよ！ってわがまま娘でごめんねと思いながらしゃべるのだ。1人でもそうやって話せる人があなたにもいたらいいなと思う。風呂場でしんどくなったら、風呂から上がり家を出てふらっと飲みに行って知らない人としゃべったほうが楽になる。たまに宝物みたいな出会いがそこに転がっていることもある。人生の指針になる言葉をもらえることもある。まあ、そんな生き方もあるよというお話。

第3章 私と解散のラスボス。

寂しさに沈む海の底

6人になったB・iSHはありがたいことに、横浜アリーナや幕張メッセでワンマンライブをしたり、オリコンでウィークリー1位を初めて獲らせてもらったり、『アメトーーク！』でB・iSH好き芸人を取り上げてもらえたのだ。B・iSHを取り巻く規模が自分たちの想像を大きく飛び越えてどんどん大きくなっていった。

ずっとライブハウスを中心に活動してきたけど、テレビ出演も少しずつ増えていった。そりゃうまく歌うことが歌番組では求められるけど、私たちは「とにかくB・iSHらしくやれることがいちばん」だと思ってそこに立つことに専念した。テレビ出演が終われば〝B・iSH　下手〟のツイートが飛び交う。そんなの気にしちゃいられない。ツアーの合間にテレビ、撮影、1人の仕事、対バン。そんな日程。睡眠時間より溜まった洗濯、溜まった作業に追われる日々。まさに活動は順調そのものと言われたけど、幸せが何かわからなくなる時はあったなと今では思う。

2020年、それがパタっと止まった。

コロナ禍になってライブができなくなってしまった。家から出ることすらできなかった。ワンマンや対バンツアーの全公演を中止して、この時ばかりは何もできない自分を叩きつけられたみたいで、悔しかった。当たり前にあった生活が音も立てず崩れていく感覚。1人では楽器一つ弾けず歌を表現するのもひと苦労で自分を否定するばかりの時期だった。しんどかった。みんなに会えなくなったら、私ってこんな何もできないんだって。

今できることで表現しなきゃと思って絵を描いてみたり、陶芸をはじめてみたり、全部中途半端だけど、何かかたちにしていきたいと思って、とにかくいろいろやってみた。何かしてなきゃ落ち着かなかった。その期間中の仕事はリモートワークが多かったけど、雑誌の企画や仕事にも新しいかたちが増えていき、いろんなことをやらせてもらえる機会もあって、チャレンジできた時期だったかもしれない。何かしてないと自分が嫌いになってゆく。必死必死の日々。

猫を飼いはじめたのもこの時。ぎりぎりコロナ禍になる前で、家に2人がいることは私にとって救いだった。きっと1人だったら無気力で押し潰されてしまっていた。ハクと坊にもらう一喜一憂が私を人間として保たせてくれていた。人と会うことを断たれた家での日々、自分が何をしたら相手に愛情が届くのか、愛について、平和について、私はどう表現できるかなという気持ちが芽生えていったのはこの時からだった。神様に考えなさいと言われているみたいだった。

テレビを観ていると音楽に関するものが不要不急と言われ、いちばんに制限対象になっていく。ライブハウスや音響や制作の人たちが苦しい状況になっていくのもすごく悲しかった。何かしたいのに何もできない。お世話になった人たちが倒れていってしまってる状況がすごくすごく悲しかった。悲しすぎた。

そんな時にアルバム『LETTERS』を作ろうという話がB:iSHの中で生まれた。同時にベストアルバムを出すことも進んでいった。とてつもなく嬉しかった。新譜を出すこともベストアルバムを出すこともまったく決まってなかった中、急遽動きだした未来。何かできるんだ！って希望の光が差した瞬間。松隈さんから「LETTERS」のデモがきて、その時に感じていたすべての感情がこの曲で語られていた。一心同体のようで、みんなも同じ思いだったんだと思うと涙が止まらなかった。

みんなにも歌詞を書くタイミングがあった。いつものようにコンペ形式。思うことが溢れそうだったから、伝えたいことが止まらなかった。歌詞は1時間も経たないうちに書き切れた。

私自身、歌詞を書きながら気づくことばかりで。お世話になってた人たちへの感謝とか愛情とか、すべてにおいておざなりにしちゃいけなかったことを知るばかりの日々だったと思う。

とにかく愛情を伝えたかった。みんなに、何も諦めてほしくなかった。メンバーにも6人でいたことの素晴らしさを伝えたかったから、それを素直に書いた。清掃員に対して伝えたかったことも溢れ出た。

「I'm waiting for my dawn」は、まさにその時に書いた曲。ライブでメンバーとお客さんの声が重なって、いちばん心が重なってると思う瞬間がある。「サラバかな」の〝その手を離さないよう〟という歌詞のところだ。清掃員たちが手を伸ばしてみんなで一斉に歌うこの瞬間が大好きだった。コロナ禍によって、遠く離れてしまった私たちにはあの瞬間がなくなってしまった。辛くて寂しかった。また重なるその瞬間を待ちわびて、願いを込めて素直に言葉に書いてみようって思ったのがこの曲の落ちサビに。

「この人に歌ってほしい」と思いながら書いた歌詞は初めて。レコーディングでこの子に歌ってほしいと初めて松隈さんに伝えたのです。そしたらやってみようと松隈さんは受け止めてくれて、モモコは全部録り終わっていたけどスタジオに戻ってきて歌ってくれて。早口で難しいところなのに頑張るって言ってくれた。

どうしても初期メンバーで歌いたいっていう意思があって、落ちサビ部分は3人で録りました。この頃はレコーディングでしか顔を合わせることはできなくて。そこからさらに6人の在り方が変わったのは解散を意識しはじめてから。

解散が決まったのはコロナ禍よりももっと前。

2019年頃だろうか。まだ解散を表には出してなかったけど、決まったことだった。だけど何年も先のように感じていた。コロナ禍でいろんなことが止まったことでたくさんのことに気づき、残された時間で自分たちに何ができるか、という疑念と葛藤が芽生え出したのかもしれない。

全員の夢を掴んだプロミスザスター

2020年12月24日、332日ぶりのワンマンライブ『REBOOT BiSH』を国立代々木競技場第一体育館で行った。この日までいろんなアーティストの人たちがライブをスタートしはじめている中、自分たちだけが止まってるように感じていてすごく苦しかった。

でも、私にはどうしようもできなかった。だからこそ本当に、やっとやっとやっとだ！という気持ちで、全員がその日を迎えていた。私きっと、ライブ中ずっと泣いてるだろうし頭から歌いきる自信はなかった。でもそれでいいんだと思ってたし、BiSHチームのみんなも「ありのまま立ちなさい」と言ってくれた。感情も涙もそのまんま伝えたほうがみんなに届く日だと思えた。全部すべて投げ出しちゃおうって。みんなに受け取ってもらおうって気持ちでライブに臨んだのを覚えてる。

緊張と興奮と喜びが脳みそを駆け巡る中で立った、代々木体育館ステージから見える景色は一生忘れないだろう。紗幕から少しずつ見える客席のみんなの顔。お互いもう泣いていた。紗幕が開いた瞬間の感覚は今も鮮明に蘇る。やっと飛べるようになった鳥みたいな感覚はもう二度と味わえないだろう。ぱーって世界が広くなって、みんながいて、やっと会えたねって。みんな生きてる！ それだけで幸せな気持ちになった。ああ、めっちゃハッピーって。

踊るより歌うより、メンバーの顔も見回したいくらいの気持ちだった。清掃員と会えるのが1年ぶり、みんな人とどう会ったらいいかの感覚も忘れかけていたけど、自分たちなりにいいものを見せてあげたいって思いで、涙の気持ちと戦ってたと思う。あの時のみんなの表情は間違いなく、ありのままの裸の心で立っていたと思う。涙だらけのライブだった。それで良かった。それが良かった。終わってからもしばらく嬉し涙が止まらなかったなぁ。

いつからなのか、自分が言い出した「生きてまた会いましょう」という言葉。自分の好きな音楽の中にフラワーカンパニーズの「深夜高速」という曲がある。歌詞の中で〝生きててよかった〟という言葉が繰り返されるのだけど、まだみんなでハイエースで深夜移動している頃によく聴いていた曲。なんだかズキズキと心に響いてきた。私自身、「生きててよかったって思う瞬間がいつ来るんだろう？」と学生時代から漠然と、そして少し諦めた気持ちでいたからこそこんな歌を歌うフラワーカンパニーズが羨ましかったのかもしれない。

それは思ったよりも難しくなくて、B・i・S・Hとして生きていく中で、ライブをして人と出会って悲しみも喜びも共有してたくさんの試練をみんなで達成して壁をぶち壊していくと、意図せず生きててよかったと思う瞬間が訪れてきた。しんどかった時期や、人生本当に胸くそ悪いことばっかりだったけど、あの時生きてたから今みんなに会えてる。ずいぶん幸せな人生だなって思う。

生きていないと二度と行けない場所もたくさんあって。ライブハウスだってなくなる前に命を吹き返さないと二度と立ち直れないかもしれないし、そこで会えた人たちにも会えないかもしれない。コロナ禍でより強く感じたことで、今目の前にいる人たちがどういう生活を送ってるかはわからないけど、もしかしたら私と同じような人生を辿ってる人もいるかもしれない。辛いことに負けてしまうのは悲しい。自分が愛してきた人たちやこれから出会う人たちにも生きてないと会えないから、その気持ちを大声で何度でも伝えるようになりました。生きてまた会いたいんです。

コロナ禍で急遽出したベストアルバム『FOR LiVE–BiSH BEST–』は、みんなに生きていてほしいって想いで動いた。自分が愛してきた人たちにも、これから出会う人たちにも自分らしく生きていてほしい。私も孤独な時、音楽に救われた少女でした。ＢｉＳＨもそういう存在になりたい。普通に生きている中で、生きなきゃって思えることって少ないと私は思ってる。だから

B・i・S・Hのライブで少しでもそう思ってほしい。誰かの生きるための糧に、いろんなきっかけになったらいいなって思ってライブをしていた。

だから2022年の紅白歌合戦の出演は特別嬉しかった。叶わない場所だと思ってたから。2020年の1月23日NHKホールで、『NEW HATEFUL KiND TOUR』のファイナル、「私は紅白に出る」って宣言していた。いくつも無理だと言われたことをやる!と言ってやり遂げてきたグループだからやれるわけないことも決めつけたくなかった。言霊の力を信じたかったのだ。

紅白に出ると宣言して少し経った頃、世界は変わってしまった。コロナ禍になって諦めかけてた部分もちょっとある。そんな中サプライズで知らされた紅白出場。社長の嘘だと思った。それぐらい信じがたいビッグニュース。

紅白は1人の目標ではなくチーム、清掃員みんなの大きな目標だったから、やっと掴んだよ！　みんな夢叶ったよ！って伝えてまわりたいくらいだった。ようやくB・i・S・Hを育ててくれた人、支えてくれた人に恩返しできた気持ちになった。６人みんなで「恩返しできるね」って言い合えたのも初めてだった。

二度とない紅白出場。初出場のチームは家族を呼べるらしく、私は母と父と弟を呼んだ。きっととびきりの親孝行だったと思う。よく覚えているのは石川さゆりさんが待ち時間、隣になった時に「緊張していますか？」と話しかけてくれたこと。ものすごく嬉しかった。「緊張も楽しんでくださいね」と優しい言葉をかけてくれる姿は聖母のようで、これが何十年もあの素晴らしい歌を届けている人の光なのだと感じた。同時に自分たちの小ささにも気づく。

最高の「プロミスザスター」を届けたかった。これまでの活動の中で、B・i・S・Hを知らない人がいちばんたくさん見てる瞬間だと思ってたから、一音も取りこぼしたくなかった。一生残る「プロミスザスター」だと思って歌いました。

本番はあっという間。緊張が全員から溢れかえっていた。宙に浮くような感覚で「プロミスザスター」を歌ったのはこの瞬間だけだった。アイナの緊張はいちばんに伝わってきたけど、歌い切った彼女の強い眼差しに後を追おうと必死に歌を伝えた。

B・i・S・Hチームは温かく迎えてくれて、私たちなりの最高の「プロミスザスター」はきっと良かった。やり切ったと思えた。新年は紅白の会場から『カウントダウンTV』に向かう駐車場の中で全員で迎えた。なんだか幸福感に溢れた時間だった気がする。ホッとしていたのかな。

みんなの夢が叶った。紅白に立つB・i・S・Hは、いろんな当たり前を覆して正解などないことを示した一つの歴史だとも思える。だってB・i・S・Hが紅白の舞台に立ったんだもん。きっと神様もびっくりしてるさ。

突然顔をだした解散という言葉

2019年の秋、渡辺さんから解散の話を聞いた。

「BiSHとしていちばんかっこいい時が見えてきた気がする。それはいつだかわからないけどもう解散を決めるべきなのではないか」と。

その時、私はその決断を受け止められなかった。いつか私たちにも終わりが来ることは感じてはいたけど、なんで今？　最高に楽しいのに。解散のその言葉が出てきたことが悲しかった。

グループがいちばんいい状態で散ることのカッコ良さはわかっていたけど、それ以上に続けることのカッコ良さのほうがBiSHには合ってる気がしていた。私の勝手な意見。私は長く生き続けているバンドが大好きだし、続けているからこそ響く言葉と歌がある。そういうバンドに救われてきたし、BiSHもそういう存在になれると本気で思ってた。

最終決断はメンバーに任せられ、メンバーで次の日に話し合うことになった。私は勘違いをしていたみたい。みんな解散したくないと言うと思ってたけど、結果的に私以外の全員は解散にイエスだったのだ。5人とも解散する覚悟をもって話し合いの場に来ていた。とてつもなく悲しくて寂しくて言いようのない感情が頭の中をめぐる。同じメンバーだからこそ、同じ気持ちでまだ続けていたいと思っていてほしかった。なんでだよ！って叫びたかった。

この時がBiSHをやってきていちばん悲しかった瞬間かもしれない。

渡辺さんに解散を告げられたことより、メンバーがそれに納得したことが悲しかった。

だけどそうも悲しんではいられなくて、解散に対してイエスかノーかは6人での意思で一つにしなきゃいけなかった。私がみんなの意見をまとめなきゃいけなくて、自分の中の気持ちと葛藤しながらみんなの意思を聞いていった。6通りの意見があったしこれからの人生がそれぞれあるのはわかったから、自分の心をなんとかイエスの方向に向かせるしかなかった。
納得はしていないけど、やっぱ。
この6人がいることがB・i・S・HだからSそれができないなら解散するしかない。

大きな疑念を抱えながら、渡辺さんにイエスを伝えた。これを書いてる今だって朝起きたらやっぱ解散やめようぜってみんなが言い出さないかなとずっと思ってる。

いろんな奇跡がいっぱい起こって今ここにいるB・i・S・Hができたと思っているから。この奇跡は二度と起きないと思う。もったいないねってよく言われるけど、それは誰よりも私がいちばん思ってる。でも誰かメンバーが変わってB・i・S・Hを続けることは絶対に違うんだ。誰か1人でも解散を望むのなら解散するほうがいいのかなと思う。

私が解散を受け入れられない理由のもう一つは、自分自身に自信がないからだと思う。もしかしたら、ほかのメンバーにはそういう自信や強い意思があるのかもしれない。本当のみんなの心の中は私にもわからない。BiSHのセントチヒロ・チッチとして立っていると覚悟と誇りが芽生えてくるけど、BiSHというグループをなくして1人になった時、自信があるかなって思うとすごく難しい。

1人で二本足で立った時、自分のイエスがまだ見つけきれてない。それが見えてない中で、どうやって生きていったらいいのかわからなかったし、不安だらけなのだ。人生を懸けたBiSHが大切で大好きだったから、このグループを解散させなきゃいけない事実がいつまでも受け入れられなかった。

それ以降、なんだか本心を喋れなくなってしまった。ライブ前にリハをしていても「オーケストラ」を泣いて歌えなくなってしまったこともある。お客さんに対して発する言葉も全部嘘っぱちじゃんって思ってしまう。

これからも、ずっと、なんて言えたもんじゃないって思うようになっていた。いつか解散を発表してしまうことで、解散が事実になってしまうのが嫌で、その日が来てほしくないと思いながら活動していた。この葛藤から発表までたぶん2年間くらいあったけど、お客さんに対して私は「ずっと」という言葉は言えなかった。嘘つきたくなかったんだ。

解散を決めた後、2020年にコロナ禍がのしかかってきた。それによって、解散の悲しみよりもコロナ禍でこの状況をどうすればいいかを考えるようになっていった。同時に解散までの時間を削られているようにも思える苦しい時間だったのだ。私は折り合いをつけようと思っていたはずが、自分でもどうにもならないほど解散を受け入れられなかった。

ならば受け入れなくても別にいいのかもしれない。いっそのこと納得できない気持ちを抱えていることも私のアイデンティティの一つだと思った。その想いを持ちながら解散していくのも私らしいんじゃないかと思えるようになった。みんなにも包み隠さず解散したくない気持ちも伝え続けた。

泣いたって明日はやって来る

解散を発表したのは、BiSHが初めてワンマンを行った80人キャパのライブハウス、中野heavysickZEROだった。2021年12月24日。早朝5時に集まりリハーサル。全国放送の朝の情報番組『スッキリ』で生中継もされる予定で、気持ちはものすごく重かった。

メンバー全員の覚悟を背負って言わなきゃいけない。ひと言でも間違えたら覚悟が鈍って聞こえてしまう。私が口にすることで事実になっていく解散の2文字。たくさんの感情を抱え結成当時を思い出しながらライブをした。そして決意の時。何台も構えられたカメラの前で解散することを発表した。

自分で言葉にしながら、自分を納得させるように話をした。この瞬間だけは泣いてちゃいけないと思っていた。どうにかこうにか涙と闘いながら我慢して伝えきった。生中継が終わった途端、大雨が降って来たようにどっと何かがのしかかって来た。なぜだろう、スカッとするはずだったのに。

もう世間に発表してしまった以上、私の心だって解散に向かって進んでいかなきゃいけなくなった。4つの約束「B・i・S・HからのPROMiSE」を宣言したし、約束は守る。それがB・i・S・Hで、なんだってやり抜かなきゃいけない。どうしても考えごとは増えていくし悩みも尽きないさ。

忙しさに囚われて大事なところを見失ってしまっている子もいた。私もそうだ。カッコ良く散るためにはじめたことなのに元も子もない。解散までのあれこれで弱音を吐くメンバーがいたらできるだけケツを叩くように、納得できる答えがそこにあるように私も考えた。自分自身にも胸を叩き見失うなと訴え続ける日もあった。

愛情と感謝を取りこぼすことなく届けないと辞めきれないと思ったし、メンバーにもそう思ってほしかった。忙しいとB･iSHは追い込まれちゃうタイプだから、本当にしんどい時はメンバーがいちばんのオアシスになる。気づいたら笑顔にしていく。お互いどんな場所でも気になることは言うようにした。すべてやることに意味があるし意味がないわけないから。みんながみんな何も諦めたくないと思えているのが嬉しかった。

約束のうちの1つ、12ヶ月連続でシングルを出すのはめちゃくちゃ大変だったなぁ。デモが届いて歌詞が来たと思ったらレコーディングして、そのあとスケジュールもない中やっと見つけて振り入れをして、MVを撮って、ダンスビデオを撮ってギリギリ完成。その繰り返しが12ヶ月続いた。その間ツアーもやっていたし、24時間しかない1日が恨めしく思うほど時間が足りない感覚だった。

きっと振り付けをしているアイナは私よりも何倍も苦しかったろうと思う。楽屋で2人で泣いてしまった日もあったりしたけど、なんとそんな時いちばん頼りになるのはモモコなのだ。いつも対等に優しいモモコだが、そういう時は「私が言ってくるわ」とキリッとした面持ちで風を切り歩いていく。とてつもない安心感。マネージャーに何かを伝えに行ってくれた。みんなで守り合いみんなで何かを探しながら終わりに向かっていく日々だった。

でもこの12ヶ月連続リリースをやったことによって気づいたことはたくさんある。私たちだってやればできるし、私たちにもまだまだ伸びしろあるじゃんと思った。Ｔａｋａさんや亜嵐くんがＢ・ｉＳＨにくれた新しいスタイルは、きっと今までの私たちには見つけきれなかったＢ・ｉＳＨだった。人の伸びしろなんて決めつけるべきではない。自分と、伸ばす人次第でまっすぐだけではなく、どんなふうにも形は変えられるのだと思えた12ヶ月だった。すべてに意味があった、最高な12ヶ月だった。

4つの約束のうち『COLONiZED TOUR』と『FOR LiVE TOUR』は、2つ同時進行のツアー。やりきれるかどうかがいちばん心配なツアーだった。初めましての土地を巡り、初めてＢ・ｉＳＨを観る人たちがたくさん来るライブで、ぎゅっと濃縮されたＢ・ｉＳＨのいいところが全部見られたー！と思えるライブをしなきゃと思っていた。セットリストは体力的にも大変。地方を回り清掃員のみんなに会える瞬間は最高なのだけど、ライブが終わってみると身体がボロボロな感じはしていた。裏で誰かが泣いてたり怒ってたり、もうぐっちゃぐちゃだった。

こんな時は逃げるのだ。無理をすること以外の逃げ道を探さないとみんなが壊れてしまう。逃げることだってたまには必要。時間を作ることのパズルをマネージャーさんとしながら、少しでも休めるよう考えて対処して過ごしていた。

『FOR LiVE TOUR』は、ライブハウスに感謝を伝えに行くツアーだったから、セットリストはメンバーに任せられてた。どんなセットにするのかみんなの意見が珍しくまとまらなくてどうするかすごく悩んだ。何をもって幸せな70分にするのかが分かれてしまった。テレビ局の楽屋であーだこーだと言い合う。６人とも体力の違いもあり考え方のベクトルも違う。でもこれは絶対入れないとお客さんが好きな曲だからっていう意見だったり、こっちの方が嬉しそうだなんて対立して。最終的に、日替わり曲を入れる代替案で、毎日違う曲入れるゾーンを作って回ることになった。

ライブハウスツアーは、ＢｉＳＨが組んだセトリで自分たちの気持ちを70分という短い時間の中でどう伝えるかが大事だった。そしてお世話になったライブハウスの人たちにも気持ちを伝えることを大事にしていた。ＢｉＳＨはどんな場所でもＢｉＳＨらしくライブすることをずっと大切にしてきた。ライブハウスはＢｉＳＨが生きてきた場所。どんな時も思い出の場所はライブハウスだったし、ＢｉＳＨにとっては故郷なのだ。いくら大きな会場でライブをするようになっても、思い出がいっぱい散らばっている大事な場所はここだ。

私たちは初期の頃、人と関わるのがすごく苦手で。みんな楽屋にこもっていたり、ブスブスしてた時もあったけど、岩手にあるKLUB COUNTER

ACTION MIYAKOの太田（昭彦）さんにだけは最初からみんな懐いていた。東北のお父さんみたいな感じで、みんなでここに来るのが最後かもしれないっていう日にはみんな寂しそうだった。私も寂しかった。太田さんが泣いている顔がライブ中に見えて言いようのない切なさに駆られた。やっぱ私は解散したくねぇんだ。アユニが入る前5人体制で最後のライブだったり、BiSHを東北ライブハウス大作戦に導いてくれたのもこの場所だったし、横浜アリーナワンマンの翌日に行ってライブをやったり、何か大切な瞬間はいつもこの場所でやってきた。BiSHが解散しても、またここにみんな来てほしいなって思う。東北の父にずっと親孝行していたい。

最後の約束は2022年12月20日に開催した『BiSH FES』(※)。ギリギリまでいろいろなことが決まらなくて超絶あたふた。誰かもう折れちゃうんじゃないかなって思ってた。

苦労話ばかりで申し訳ないです。だけどこれが現状だったから包み隠さず話してみているよ。でもね、いつもそうなんだけど、全部やるしかないからやるし、やらないっていう選択肢はB・iSHにはない。そうやって生きてきた。冗談で、やらない！なんて言うけど、結局やる人たちなんだと私はいつでも信じていられた。そこが最高で最強。だからきっと根は強いんだと思う。強くなったのかな。

最終的に公言した約束は全うできてひと安心。とにかく妥協はしたくないと思えたこの1年はB・iSHがやらなきゃいけなかったことが詰まった濃厚過ぎる1年間だったなと思っている。

※2022年12月20日、国立代々木競技場第一体育館で開催。7年前の『B・iSHフェス』の衣装であるスクール水着をアップデートしたオリジナル衣装を着用したB・iSHをはじめ、演出を変え、B・iSHが4回ステージに登場した

B・i・S・Hを背負うということ

2022年12月22日のワンマンライブ『世界で一番綺麗なB・i・S・H』（東京・国立代々木競技場第一体育館）のアンコールで、私はB・i・S・Hの大きな夢だった東京ドームで6月29日に解散することを発表した。

生まれて初めて、自分から出てくる言葉が怖いと思った。

1万何千人の前で、これから私たちが終わる瞬間と、いちばん幸せな報告を同時にしなきゃいけない。

そんな重たさがあって最初はなかなか言葉が出てこなかった。また一つ解散の事実が余命まで決められてしまうことが怖かった。だけどいちばんの嬉しい発表もできる。ずっとソワソワして眠れない日もあった。正直なところ、この日も発表の瞬間が来てほしくないと思いながらライブしていた私がいる。

みんなに解散の日付か解散の場所、どっちを先に言うか。これがすごく難しかった。ライブに出る直前まで迷ったけど、素直にいちばん嬉しい報告をすぐに伝えたいと思った。みんなで願ってきたことだもの。

清掃員は私の想像をはるかに超えて大きな喜びを伝えてくれた。「あぁ6人で折れずに生きてきて良かった」と思えた瞬間だった。だから、だからこそ、そのあとの言葉でみんなの笑顔を殺すようなことをしてしまったと思っている。解散日を告げるのがあとになってしまったのもあり、清掃員たちは喜びから悲しみへジェットコースターが落ちるように表情を変え、悲鳴やすすり泣く声がした。目に見えないはずの感情が上に行ったり下に行ったり目に見えてわかるようで不思議だった。

悲しかった。悲しすぎた。でも悲しんでいても誰も慰めちゃくれないんだ。自分たちの選んだ道に覚悟を持つしかないんだ。私が逃げたら誰がやるんだ。

そう思って自分のケツを叩く。Ｂ：ｉ：Ｓ：Ｈチームみんなの気持ちを背負いまくって伝えた解散発表、もう二度と味わいたくない喜びと悲しみだった。

その日のライブは自分で言うのもなんだが、Ｂ：ｉ：Ｓ：Ｈとして最高のステージを作れた気がしている。この日しか絶対ない私たちを表現できた気がした。やりきった気持ちと終わる日が決まってしまった悲しみが頭の中で混ざる。前々日にドタバタの中迎えた『BiSH FES』もやりきり、すべてひっくるめて、やっとやりきったとみんなで思えた。人間のキャパシティは自分が思っているよりもなかなかに広がっていく。恐ろしい。寂しさに包まれながらこれからにも期待は膨らむ。どうにもわからない自分の感情に答えは出さないことにした。

ある日、東京ドームが決まったと知らされた。
夢が叶う。本当に嬉しかった。
東京ドームは、活動初期から掲げてきたおっきな目標で、最初は届くとも思わなかった大きすぎる夢だった。B・i・S・Hで共通の「大きい目標」と「いちばん近い目標」を常に持って生きていこうとみんなで決めて走ってきた。大きすぎる夢にもがきながら向かってると、時々見失ってしまうこともあるだろう。だからまずは近い目標に向かって進む。きっといつか大きい夢にたどり着ける私たちになると思って進む。私たちにとってのその最終地点が東京ドームだった。東京ドーム公演は夢であり解散するならここじゃないと嫌だっていう気持ちがみんなに生まれていた。

約5万人の清掃員が目の前いっぱいに広がっている光景って、この先二度とない素晴らしい景色だと思う。

想像もできないけど、絶対に絶対に死ぬまで覚えているだろうなって思う。まだそんなふわっとしたことしか言えないくらい気持ちは固まっていない。東京ドームでやることに意味があって、それを見たいと思ってくれる、見てくれる人がいることがいちばん大事な事実。数というより、その場所にみんなで立てることが嬉しいと思ってる。

どんなライブにしたいかは、まだ今の私にはわからない。涙で終わりたくないって言ってるメンバーもいる。ハッピーに終わらせたいって。それもいいし、最後なんだから泣かせてやれよって思う気持ちもある。形を決めないほうがいいと私は思っているところがある。終わりだからこそ、いろんな感情を持ってくる人たちがいて、私たち6人もバラバラの感情を持ってくるから。感情の方向なんて決めないほうが、みんな燃え尽きられるんじゃないかななんて思っている。

ようやくお客さんも声出しができるようになって、表情も見えるようになった。渡辺さんが「清掃員たちの声があったから俺らのライブ楽しかったもんね」って言っていた。お客さんの熱量がBiSHのライブの魅力だと思うし、私たちもやっぱりかき立てられる感じがする。

東京ドームは、そこに存在する全員が心も身体も健康に迎えられることを願っている。

第4章

私と愛するものたち。

拝啓Ｂ・ｉＳＨどの

解散を発表してからＢ・ｉＳＨはメンバー全員がなんとなく優しく、いろんなことに対して愛情を持って向き合うようになった。

積極的にここに行こうよと言ってくれることが増えて、思い出を作りたいんだなって伝わるようになった。

リンリンは特に私を誘ったりするタイプじゃなかったのにいちばん積極的にみんなと出かけようとする。嬉しくってリンリンが好きそうだなと思う場所があればこんなところがこの地方にはあるよ！なんて毎度おすすめの場所を伝えたり気軽に私も誘えるようになった。どうせ断られるだろうという冷めた気持ちがどこかへいなくなったのだ。

誕生日の２ヶ月も前にイラストを描き込んだＴシャツをくれて「待ちきれ

なかったから持ってきちゃった」と話す彼女は愛しい。いつからか、〝描く〟ということに何かを見出して人生を感じている感じがする。

実は解散前からリンリンの作品が入賞したら展示を観に行ったり、描いてくれたものを部屋に飾ったり、できる限り活躍を私の生活にも残したいと思っていた。だからきっとこれからも私は彼女の作品のファンの1人であり続けるだろうと思う。それもこれからの一つの楽しみ。

毎日仕事で一緒にいるもんだから無理して休みの日に集まることはない。それでも確実に1年前よりも一緒に出かけたり話し合ったり笑い合ったりするようになった。みんながちゃんと感情に寄り添って会話するようになったと思うし、このままあるさは解散がなかったら生まれなかったと思う。心の面でこうなれているのはよかったのかもしれない。

たぶん、他の人たちよりも私がいちばんモモコのことを傷つけたと思う。私はあまり弱い人のことを考えて会話できないとこがある。こう言ったら言い過ぎかもなんて気づけずにズケズケとしゃべりすぎて、気づいたら、部屋からいなくなっちゃったってことがあったので反省してる。でもいちばん私にいろんなことに気づかせてくれたし、優しくて自分だけの言葉を持っているところを尊敬してる。モモコは実は誰よりも自分のやりたいことにもまっすぐだし、素直に生きてる人だからそのままどんどん木が葉っぱを増やしていくように大きくなってってほしい。まだまだ成長過程、ひねくれて世界を見ていた少女はもういない。日陰に隠れていてほしくないけど、そんな心配はいらなそうだ。

アイナとはお互いいろんな感情を持ち寄り真剣にB・iSHについて話せたことが多かった。とても素直で顔に出やすいところが私は好きだ。そのぶん私はどこか可愛げのある自分や赤裸々なことをいちばん隠していたかった気もする。なぜだろう、わからない。確かな技術でダンスや歌を届ける姿を見ていると、何か見透かされるような気持ちになったのかもしれない。彼女がいなければ今B・iSHをこんなに愛して届けられるようになった私はいないのだから、命を繋ぎ止めてくれた人だと心底感謝している。たくさんの困難にいちばん降りかかられ、きっと何度も心がズタズタになってきたはず。だけど負けずに咲き誇り続けてくれた。いつからか大事な時、この人だけは同じ意見で真剣に向き合ってくれる人だと思うようになった。暗い世界でも真っ赤に凛と立つ彼岸花のような人だと思う。

実は誰よりも私が素直にプライベートのことも、言いたいけど言えないと抱える気持ちも話せたのはハシヤスメさん。真反対の性格だからマジのぶつかり合いをできたのはこの人だけだとも思う。でもどこか似ているなと感じる瞬間もある。完璧なハシヤスメ像を守り生き抜いた彼女は、ある意味ファンの人にとっては誰よりもアイドルらしく在ったのかもしれない。メンバーは誰も知らないけど、なんと2人で乾杯した日もあるんだ。なりたい自分に突き進む姿勢を尊敬しているからこそ相談もしたくなるのかも。愛せる人間らしい人間なのだ。

アユニは私の想像を超えて成長を遂げた妹であり、娘のようにも想っている。誰よりも弱くて誰よりも強い不思議な人。彼女を守りたいと思っていた私はいつのまにか彼女に守られたいと思っていた。仲が良い妹だからこそ踏み入れられない何かがあった。きっとそれはBiSHにいるからなのだろうと感じている。解散した後はそれが見えなくなり、もっと仲良くなれる気がしてるんだ。努力してきた賜物の今のアユニ・D。大好きだからこそどこまでも実直に、素直に笑って生きていってほしい。

解散が近くなるとBiSHのメンバーのことはどんな存在だと感じますかという質問をよくされた。どんな存在だろうと改めて考えた時、こんなにも個性がバラバラなのにいざという時は固く一つになれる存在は他にない。同時にいちばん悩みの種でもあるから関係性を語るのはすっごく難しい。私はずっと強くいなきゃいけない、何か聞かれたら答えられる私でいなければならない。そんな立場だと勝手に背負ってしまっていたから、あまり甘えきれてなかったなとも気づいた。

ある日、壊れた世界の中で仲間と戦うアニメを見ていた時に〝戦友〟という言葉が出てきた。ああこれだ！と思えた言葉だった。プライベートのことは知らない、何を考えているか踏み込みすぎることもしない。だけどいちばん近くで何万と向かってくる敵と戦って、いちばんの青春を過ごしてきた仲間は彼女たちしかいない。

私たちのことは私たち以上にわかり合える人はいないのだ。これからも戦ってきた事実が消えるわけじゃない。この先離れ離れになっても応援したいと思えるのは、ボロボロになって負けそうになっても一緒に這い上がった日々があるから。また会った時にちょっと馬鹿にされたりしたいし、笑い合いたいと思う。みんながおばあちゃんになってもそれぞれの人生を応援し合えてたらいいなと思う。

だいじだいじ

B・i・S・Hで生きていく中で大切にしてきたことは、考えることをやめないことだ。否定から入らない、決めつけない、型にはまらない。とにかく思ってることは伝える。言葉にすることを心がけてきた。人に対しても、自分に対しても、何に対しても、決めつけることだけはしないようにしてきた。絶対できないじゃんってやめちゃったらもったいないから。無理だと思っていてもとりあえずやってみたらできることって結構あるのだ。

それは人と関係を築く時にも大切なことだった。他人に興味を持つことを大事にしてる。嫌いと決めつけるのはあまりにもったいない。苦手かも、から入ったとしても興味を持って相手と話したり観察したりしてみるとみるみるうちに好きになったりする。興味がないことがいちばんの閉鎖なのだと知った。

B・i・S・Hで活動しているとライブハウスの人、スタッフさん、お客さん、いろんな人間に出会う。WACKの合宿オーディションに行ったら候補生もいる。音楽の先輩、後輩、バンドの人たちにもたくさん出会う。

そういう中で、もともとB・i・S・Hは閉鎖的なグループだったからこそ、私が人に興味を持って社交的に生きていこうと初期の頃から決めてやってきた。それもいつか何かの奇跡につながるかもと思って。

フェスの出演日は誰よりも先に行く。挨拶をして先輩の出番を見て勉強する。当たり前のことだけどそれを当たり前にできる人はかっこいい先輩たちばかりだった。ライブがあれば打ち上げで交流をする。B・i・S・Hを知らなかった先輩たちもライブを見たりそういう心意気から見てくれる人たちがB・i・S・Hを応援してくれるようになった。何もなかった私たちが少しずつ覚えてもらえることだけでも嬉しかった。

心意気からバンドになることを自分の目標にして生きてみるとなんだか強くなれた気がした。特に、BiSHが「新生クソアイドル」から「楽器を持たないパンクバンド」に転生して、そういう肩書きを持ってる奴らってどんな奴らなの？って思われる中で、どんな時でも私たちがそう生きていれば認められる日が来ると信じていたのだ。

舐めた真似してると思われるのがいちばん嫌だったから、誠心誠意こういうことやってますっていうのが伝わるようにしたいなと思って。バンドマンって生き様で見せてくれる人たちだから、私もそうしないとと思って戦ってきた。

だけどそれは強制されるべきものでもなく私が好きでやってきたこと。みんなにこうするべきだとも思ったことはないしグループに1人でもいたらいいのだ。昔メンバーにBiSHの外交官と呼ばれて、なんか役目をもらっているようで嬉しかったのを覚えている。

私は、何かを聞かれた時に自分の考えがなかったりするのが嫌。何かが起こった時、誰かがこういう顔してる時とか、なんでこうなった?とか、自分だったらどうするかをできるだけ考えるようになった。それは訓練のようで、いつからか聞かれた時に言葉がどんどん出てくるようになった。その言葉が自分のものじゃないと、なんか嘘みたいで自分が嫌になる。これから先のB・i・S・Hのことも自分のことも考えてないとダメになると思って、すごく考えるようになった。

これは何年も前に親友のように思っている映像監督の山田健人から言われた言葉が大きかった。考えることをやめるなと真剣に言われた日に私はまた一つ変わった。ただ、考えることとイコール自信じゃない。自信があったらそんな考えなくてもいいのかもしれない。天才は逆に感覚で生きられるのかもしれない。それがいちばん最高だと思う。

私は天才ではないから、努力するしかないとずっと思ってきた。B・i・S・Hに入って、アイナとモモコと出会った時に、この人たちは私とは違う天才だと思った。アイナは天性の声を持ちダンスができる天才、モモコは言葉をつむぐ人だし歌詞や生き方が斬新すぎて感覚がもう天才。私はこの天才たちの中で、どうやって生きてけばいいんだろうって思った時、自分で努力して秀才になるしかないと思った。天才じゃなくても、セントチヒロ・チッチっていう存在を好きになっていてもらえるように、私を私自身で作っていくことで自尊心を保ってきたのかもしれない。

そういう天才が周りにいなかったら、なーんにも考えず普通に生きていたかもしれない。みんながいてくれなきゃ私は頑張れないのだ。

愛するB・iSHチーム

誰よりもお世話になっている渡辺さんのこと。あんな奇才には出会ったことがない。奇才であり鬼才。昔は何を言われるのか顔を合わせるたび怖かったし嫌いだと思う時もあった。いつからか信用できる人なのかもと思い、自分から飛び込んだら愛情は愛情で返してくれる人だと気づいた。大きな裏切りに見えることにも必ず意味があってやっている。WACKという会社は、去ることにも去られることにも慣れてしまう、そんな会社だ。全部に意味があってやってることだと嫌でもわかるようになってくるのだ。これを麻痺だとか洗脳だとか言ってくる人がいる。だけど私はなにも麻痺しちゃいないし、洗脳されることがいちばん嫌いだ。だから崇拝のように大人に媚びることはしない。そんなのすぐに見透かされてしまう世界なのだから。

自分が悩んでる時、本当に困った時にいちばん助けてくれるのは渡辺さん。

自分がダメな時はダメそうに生きる、幸せな時はるんるんに生きる。ものすごく素直で少年みたいな心の持ち主だ。音楽が好きでエンタメが好きで何年もまだやれるまだやれると追い求めてる彼がいるから、きっとＢｉＳＨがこうやって生き生きしてやってこられたのかなと思う。今では小さなことでも大きなことでもすべて話せる関係になれた。たまにはふざけ倒してお酒を飲む日も最高なのだ。超尊敬している。ＢｉＳＨに起こった奇跡のはじまりはどこを辿っても渡辺淳之介なのだ。

初めてのＭステ出演では「コマネチをしよう」と言い出すもんだしどうしようと頭を抱えたが、あれで私たちは心が楽になり変な奴らだと思ってもらえるきっかけにもなった。あれ、ダンスよりも鏡の前ですごく練習したんです。ＢｉＳＨって面白い。

ラストシングル「Bye-Bye Show」のＭＶ撮影で、企画を練っている時、渡辺さんが唯一お願いしたのがうんこをかけたいっていうことらしい。変わらない人だなあって愛おしく思ったりもした。

初めてうんこをかけられた時は、ヒリヒリ痛いし、臭いし、目を開けても前が見えなくて怖くて。終わってからも濡れた衣装で寒い中辛いと思うことばかりだったけれど、最後の撮影は信頼できる人たちが見守ってくれて愛情込めて作ってくれたうんこだった。なんだか暖かく思えた。信頼するカメラマンさんと監督さんに撮ってもらいながらうんこをかけられて。メンバーもケラケラな笑いながら見守ってくれていた。渡辺さんも笑いながら見てくれてる。その日のその瞬間はすごく幸せな気持ちになった。うんこかけられてるのにね。最初のうんこと最後のうんこは8年積み重ねてきた何かによって明らかに違かった。その変化にも渡辺さんは気づいてうんこ回収したのかもしれない。うんこを見て「やっぱこれだな」なんて思う私は少しおかしいのかもしれないが、B・i・S・Hはみんなそう思ってる気がする。そう思っていてくれたら嬉しいな。

松隈（ケンタ）さんは、B・i・S・Hを生んだ1人。サウンドプロデューサーとしてB・i・S・Hをここまで引っ張ってきてくれた大事なキーパーソンとも言える。彼の楽曲がなければ私たちはB・i・S・Hとして誇らしくジャンルを超えて歩くことはできなかっただろうと思う。
なんの偏見もなく自分の視点を大切に話をしてくれる松隈さんは私を変えてくれた。オーディションの時に私の声を好きになってくれて、そして育ててくれた人。決してうまいとは言えない私の歌声を愛してくれて本当に嬉しかった。何もなかった私の可能性を見出してくれたことにすごく感謝している。いちばん素直な人であり、生粋の九州男児。とてつもなくまっすぐだ。直球どストレートまっすぐな人に「チッチはまっすぐ歌って」と言われると自然とすこーんと声が出る。魔法使いなのか……？　自分らしさとは何か、いつもヒントをくれる松隈さんの言葉に気づかされることが多かった。

実はあまり名前が知られていないかもしれないが、佐藤（裕介／KMミュージック）さんがいなかったら、B・i・S・Hのライブは成り立たなかった。絶対いなきゃいけない人。どれだけ助けられたのだろう。私はきっとこれからもずっとお世話になっていくと思う。この人もまた素直で少年みたいな人だ。B・i・Sの頃からステージを一緒に作ってきた強者。たまに喧嘩もするがこの人が大好きだ。現場で「チヒロ」と呼ぶのはこの人だけだ。結構これが嬉しいもんで、お前がやらなきゃ誰がやるんだって背中を叩かれるような気持ちになるのだ。みんなは佐藤さんはチッチが好きだからって言ってくれるんだけど、それよりも大きな信頼を感じている。信頼してくれる人がいるということは、私にとって何よりもお守りになるんだ。

そってぃ（外林健太）さんはBiSHに戦闘服を与えてくれたスーパーヒーロー。右も左もわからないデコボコな4人に最高な衣装を作ってくれて、その衣装を着た日からやっと私たちはBiSHになったんだと実感した。どれだけ忙しくても眠らずに衣装を作り続けてくれる。身を削るというのはこういう人のことだろう。

眠たい目をして鼻血を出してくる日もある。それだけ命を削って作ってくれた人の衣装が大事で仕方ない。メンバーの体の調子も何も言わずとも気づいてくれてベストな衣装を纏ってくれる。私たちのアー写やグッズのデザインもほとんどがそってぃさん。天は二物を与えたのだ。これだけ天才なのにいつでも私たちを笑かしてくれるひょうきんな性格でもある。保健の先生のように安心してなんでも任せられる優しい存在だ。きっと誰もが大好きになってしまう魅力的な人なのだ。これからも変わらず輝き続けてほしい人です。

飯田（仁一郎／OTOTOY）さん。OTOTOYの会社で私たちはBiSHオーディションに参加して道がはじまった。そして、私たちの生い立ちから8年間ずっと個人インタビューをしてくれている。〝話す〟ということさえ苦手だった私たちにゆっくり丁寧に寄り添ってくれた。このOTOTOYのインタビューでしか話せない一人ひとりの思いがとても大事で、私もこの記事でしか知れないほかのメンバーの思いを知ったりすることが多かった。全員でインタビューを受ければ決まったメンバーが多く話してしまう。それではあまりにももったいないのだ。いちばん喋る私だからこそ、そう思っている。みんなが自然と思いを語れる場所があって本当に良かったし、6人の心の成長はここから生まれているのかも知れない。飯田さんは釈迦のように朗らかで怒ったところを一切見たことがない。主催している『ボロフェスタ』にも呼んでくれて、B・i・S・Hにたくさん花を持たせてくれた人。たくさんの人にB・i・S・Hがどういうことを考えてるか、どんな人間たちなのか紡いできてくれた、大切でおっきなおっきな存在だ。

ダッチ（山田健人）は年も近くていちばん心の距離が近い人だと思っている。関わりはじめたのはほかのスタッフさんより少し遅めだけど、とてつもなく信頼しているし、いろんなことを相談してきた親友みたいな人である。初めましてした「SMACK baby SMACK」のMV撮影では暗い人でうまく会話できず少し苦手だとも思った。だけど、実は人間臭くてそんなところが好きだ。ダッチがいなかったらB・i・S・Hの表現はここまで突破していかなかったと思う。まだ知らなかった自分たちへ新しい道を切り開いてくれたすんごい存在。どこまでも諦めずに突破させようと考え続けてくれた。最後までB・i・S・Hのことを悩んで変えようと考えてくれたダッチの思いに何度も奮い立たされた。そして同世代に生きる1人の人間としてあんなにかっこいい存在と出会えたことが幸せだと思う。彼がいることで私の世界も変わったのだ。

エリザベス宮地さんはB・iSHのストーリーに寄り添って温かく残してくれた人。愛情という言葉がとても似合う。宮地さんの心地良さったら代え難いものがある。彼にしか写せない私たちがいて彼にしか話したくないことがあるんだ。宮地さんが作ってくれるMVも宮地さんにしか作れないもの。これだけ閉鎖的な性格のグループ、宮地さんがいなきゃドキュメンタリー映画も成り立たないだろう。愛情が伝わる人って素晴らしいのだ。わがまま娘たちに付き添い寄り添ってくれた大好きな人。幸せになってほしいと素直に思う人。とっても感謝している。

大喜多（正毅）監督は、「オーケストラ」でB・iSHをたくさんの人たちに届けてくれた大事な人。まっすぐな眼差しでこの曲への思いを伝えてくれた日のことを忘れられない。「My landscape」のMV撮影ではアメリカに連れていってくれた。B・iSHを世界に届けようとしてくれる想いが伝わってすごく嬉しかった。ガタガタの私たちがどこにいても、大喜多監督がいればすごい安心感が生まれる。「FiNAL SHiTS」と「ZUTTO」のMVも大喜多監督だ。B i S Hとしてこれからも残っていく大切で愛しい作品を作ってくれた人。そしていつでも見守ってくれているお父さんのような存在。

あと、きっとあまり知られてない音響のマセさんとユズルさんとイイヅカさん。PAやマニピュレーターと言われる人たち。このずっこけ3人組はB i S Hがライブをする上で絶対欠かせない。いつも3人で固まって私たちを笑わせてくれるお茶目な大人だが、3人がいなかったらB i S Hのあのライブは生まれないのだ。時間をかけていつも音作りにこだわって頑張ってくれている。B i S Hの体調の変化やその日のテンションはこの人たちにはお見通し。どれだけ体調が悪くてもそれでも最高なものを出せるように一緒に試行錯誤してくれている。スーパー信頼しているし、めちゃくちゃ感謝してる人たちなのだ。

照明のイシヅカさんや身の回りのお世話をしまくってくれている制作のカジヤさん、ローディーさんたち、舞台監督さん、舞台を作ってくれているみなさんは語りきれないほどたくさんの人がいる。B・i・S・Hチームには最高な人たちがいっっっぱいいるのだ。

バンドメンバーもB・i・S・Hを変えた人たちだ。このバックバンドがなかったら、あそこまでバンドシーンでB・i・S・Hが輝けなかった。新しいシーンにB・i・S・Hを連れてってくれた本当にすごい人たち。技術もみんな高いのにまったく気取ってない、優しいお兄さんとお姉さん。あの人たちがいたから、私以外のメンバーももっと社交的になった気がしている。人間として大きな器で私たちを包んでくれた大好きな人たちなのだ。出会えてよかった最高なみんな！　仲間なのだ。

メジャーデビューからお世話になっているのはエイベックスの人たち。中でもメジャーデビューのタイミングでA&Rをしてくれた赤窄（諒）さんと篠崎（純也）さん。いっぱい怒られたし、いっぱいいろんなことを教えてもらって、あの2人がいなかったらB・i・S・Hが世間に広まることはなかったたなって思う。B・i・S・Hを叩き直してしっかり売ってくれた。今は2人ともエイベックスから離れているんだけど、今でもメンバーでふと話をする、それぐらい濃厚に残っている人たちなのだ。寂しくて泣いてしまった日もあるくらい。今はExWHYZとかPEDROとかを担当していて、これからも自分らしく楽しんで生きていてほしいなって思ってます。あと、エイベックスの森分（大翔）さん。年も近く、ずーーーっと一緒にいるのでもはやメンバーみたいな感じ。いつも一緒に成長してきた。見た目はチャラいけど全然トゲトゲしてなくてB・i・S・Hをプチプチみたいに保護してる。すごい頑張り屋さんです。いつもありがとう。

マネージャーは数えきれないくらい代わっていったけどいつだって図々しくいろんなことを言わせてもらって申し訳なかったなと思う。WACKという会社に集まった変な人たちは愛おしいものだ。

大好きな各地のイベンターさんにも感謝してもしきれない。たくさんの人への架け橋になってくれたこの人たちがいてくれなきゃ私たちはこんなに自由にB・i・S・Hを愛して生きられなかっただろう。

ここでは語りきれないくらいB・i・S・Hのことを愛してくれる人たちがいて、どの人たちへの信頼感もすごく大きい。この人がいなきゃいけなかったと思える人がこんなにいるって幸せだ。たくさんの人たちがB・i・S・Hに携わってくれて生涯分愛されたと思えるくらい愛してもらった。感謝してます。

変わり続けるＷＡＣＫ

ＷＡＣＫは大きく変わっていっている。

何かが終わり何かがはじまる。その繰り返しだ。それに正解などない。でもそれに負けないように信じて生きていけば、それ以上の力で支えてくれる大人がいる。そうやってみんなが諦めずにＷＡＣＫにしがみついてくれてるのがすごく嬉しいし、私も応援していたいと思う。渡辺さんもありのままで、今のままで長生きしてほしい。いざという時、嫌われ役に回り守ってくれるのは渡辺さんだった。いつ何をやめてしまうのかわからないこの事務所の怖さが嫌なんだけど、一瞬の儚さと七転八倒がＷＡＣＫらしいと思う。創造と破壊を繰り返して、何が正解かもがき続けるのがＷＡＣＫなのかな。

B・iSHのはじまりは道玄坂にあったワンルームの事務所。私たちと一緒に事務所も少しずつ大きくなっていった。7畳ほどの空間で床に座り初期メンバーと初めて会った。だけど私たちは決して急に売れたわけでもなく、ツアーを回りライブをたくさんして1人ずつ清掃員が増えていってくれて、お給料もちょっとずつ増えていった。今やWACKには社長室があって、ダンススタジオがあって、音楽スタジオもできた。胸を張って「ここがWACKです」って渡辺さんが言える空間になったのが、B・iSHみんなで喜んだことのひとつだ。

たまにWACKの副社長になればいいのになんて軽く言ってくる人がいる。そういうこと言ってくる人は無責任だと感じてしまう。WACKが好きだからこそ、まだ私の人生、表現者として生きていたい。いくらでもチャレンジしてみたい。

ステージに出ている以上は演者としてまっすぐに生きていたい。幸せの形はまだわからないけど、私なりにまだ何も諦めずに生きていたいのだ。

怖くないよ

ＷＡＣＫの後輩は、同じ生命体の身体の中に共存している生き物たちのような感じだ。一緒の場所にいるからこそわかることがたくさんあるし、時には理解できないこともある。

だからこそ、いろんな話をして、できることは私が変えてあげたいと思ってる。これは感覚的にＢ・ｉＳＨでリーダーでいる時とあまり変わらない。相談されたり、悩んでる人には全力で答えてあげたい。後輩たちは見た目よりもみんな人懐っこくてよく話してくれるいい子たち。怖がられたっていい。悲しいけれどそれもさがだと思うようになった。怖がられるほど強くものを言う時があるから悪いんだけどね、嫌われるくらいの覚悟でいつでもいなくちゃいけない。人数もだんだん増えてきて、あまり関わらない人もどうしたって出てきちゃうけど、そこは需要と供給というか。モモコなのかリンリンなのか、それぞれが助けてあげられたらと思う。

後輩たちには、いっぱい考えて上手に生きてほしい。たくさん考えたら選択肢が見えてきたり、新しい自分が見つかったりする。「この言葉で伝えたら大人には伝わることがあるかもしれない」と試行錯誤してみてほしい。きっと何かが生まれてくるから。どうせこう言われるから言えない。こう思われるのが怖いから言えない。そういうのをやめて、上手に生きて、ちゃんと愛されて、幸せな方向に行ってくれたら嬉しいな。

ぶつかれる時はぶつかり合ったほうがいい。間違っているならしっかりぶつけて褒められるところはたくさん伝えてちゃんと自分たちで伸び合えるようになれたほうが素直に生きられるはずだ。生きにくい場所で生きていくのなんて嫌じゃないか。そんな場所を自ら作ってしまってるグループこそもったいないはずだ。


BiSHは奇跡的に上手に関係性を築けてきたグループで、干渉し合わず一定の距離感を保てたのが心地良かった。空気が悪い時、悲しそうな時、泣いている時、どう受け入れるかって姿勢もみんな染み付いている。嫌なことも理解できないことも、これがその人のアイデンティティなんだって思えば苦ではないし、その人らしいと思えてくるのだ。学校でもないし、ビジネスパートナー過ぎてもつまらない。上手に距離感をとって仲良く生きることが私たちの正解だったのだ。

BiSHはメンバーの仲が悪そうと言われるけれど仲が悪いわけじゃない。興味がない時はないだけで、しっかりと絶妙な距離感をとっているのだ。ひとりの時間を大事にしてたし、阿吽の呼吸、暗黙の了解みたいな感じ。そういう関係性について、「こうあろうね」なんて1回も話したことはないけど、勝手にそうなっていた。しゃべりたいことがあったらしゃべるし、やりたいことがあったらやるし、出かけたかったら一緒に出かける。その時の6通りの気分に寄り添って、それぞれが生きているのがBiSHらしくていいのだ。トランプタワーに例えられた時、それがしっくりときた。触れたら倒れそうで、ひとつ倒れたらすべてが崩れそうでものすごく繊細な時間を生きていたのかもしれない。

第5章 私と これからの 私と。

カレーと私

カレーを本格的に好きになったのは、何かを継続してやりたいと思ったことがきっかけ。忙しい日々の中でも地方へ行った時に必ずすること、継続できるなにかをしたかった。そんな時思いついたのがカレー。もともとカレーが好きだったので、地方のカレー屋さんを調べて食べに行ってみることを継続しようと思ってやりはじめた。

そしたら楽しくなっちゃって、ちゃんと続くものになっていった。好きなものを食べて幸せになれる時間が自分にとって必要不可欠なものになっていたし、ひとつの自分らしさを見つけたようで嬉しかったのだ。

カレー屋さんはその店の人柄がカレーの味に映ると思っている。店主さんがどんな人か楽しみに、そんなふうに観察を重ねているともっとカレーに興味が湧いてきて、東京でも食べに行くようになったし、自分でも作ってみるようになった。最初はそんなに知識が豊富なわけではなく、自分が食べたいとピンと来た店に行くだけだったけど、テレビ番組『スパイストラベラー』（フジテレビ系）のお話をいただいて。〝カレーのお仕事〟がもらえたことがとても嬉しかった。桜井誠（Dragon Ash）さんと一緒だし、緊張も抱えながらはじまったんだけど、今では相棒のようだ。学ぶことが本当に多くて。スパイスに対しても中途半端にできないと思うようになった。自分でスパイスを大久保まで買いに行って、自分の好きなスパイスを見つけて自分なりのスパイスカレーを研究すると、ますますのめり込んでいくのであった。

初めてビビッと感動したお店を紹介したい。下北沢にある『YOUNG』。昔はカレーは家で食べられるのだから、外でお金をかけて食べたくないと思っていたタイプだった。家のお母さんのカレーが好きだったから。だけど、スパイスが効いて旨味が凝縮された欧風カレーを食べた時「このカレーならお金を出して通いたい」と思った。今やカレー屋さんに行くのが趣味な私だけど、実はこれが最初。YOUNGは店主さんの存在も好きだった。ここから私のカレー愛がはじまるのであった。

カレーを作る人やカレー屋さんの店主さんはバラエティ豊か。生き様も面白いし、人となりがカレーに出る。カレーに人生が現れている。1個1個に皆さんの工夫があって、ちゃんと修行経験をしていろんなところで積んできた自分のカレーの表現の仕方がある。カレーもひとつの表現方法として豊かな表現作品だと思うので、それを味わえるのはすごく嬉しいのだ。カレー屋さんも表現者なのだ。

カレーは宇宙。スパイスを研究しだすと世界が未知数に広がる。知れば知るほど、どんどん深くなっていく宇宙のようだ。それぞれに役割があり身体への働きかけも違う。組み合わせはいくらでも広がっていく。のめり込むと大変だと思うけど、抜け出せない愛しい沼だ。

八王子と私

私は20歳を過ぎるまで八王子に住んでいたけど、芸能人と関わったこともなかった。とても狭い世界で生きていた。２０２０年にたかみな（高橋みなみ）さんからメッセージが来た。ＡＫＢが大好きだった私からすると大事件。誘ってもらって、八王子会というコミュニティに入った。八王子出身の有名人がずらっといる中で私も交流しているのは不思議な感覚もある。

八王子会は年齢層もバラバラで親戚の集まりのようで賑やかだ。会長のヒロミさんが、もっと何かしたいねってよく言ってくれていて、実際に「テレビの番組をやりたいって言われたんだけど、みんなどう?」と相談してくれて本当に特集が組まれたり、『しゃべくり００７』に出られたりじわじわと活動が広がっている。メンバーは総じて、すごく朗らかでよく話す人が多い。とにかくみんな地元が好き。八王子会を通して「ああ、八王子っていい街だったんだな」って思うようになった。ずっと生きてきた場所だから、ここが最高だとか別に思わなかった。この街にいれば必要なものは全部そろうし、都心に出るにも十分だから、ちょうどいい場所、そんなイメージから今ではあったかい街だと愛せるようになった。

都心に出て気づいたことは結構ある。八王子の駅前って栄えているように見えるけど、5分も歩いたら田舎町で、高いビルもなくて空が広い。私はそれが好き。おっきい道ばかり通っているから、車で走っていたらどこかにつながっていく。川も近くにあって、自然も豊か。すぐ近くに高尾山もある。自然と暮らすには、すごく生きやすい東京の街。

ひとつだけ悲しいのは映画館がないことだけ。映画館が八王子にできたら、みんな喜ぶし、より一層便利になると思うのにな。地域に根付いた食べ物屋さんもたくさんあるし、八王子に住んでる人は八王子好きな人が多いので、きっと活き活きと生きられる場所なのだろう。八王子に生まれたことで誇りを持てたことがたくさんある。地元を誇りに思えるなんてこんな幸せなことはない。私はここでもラッキーをもらったのだ。

挑戦と私

これからの私はまだ挑戦してみたいことがたくさんある。そのひとつはお芝居だ。私がこう思えるようになったのは行定勲さんの言葉が大きかった。

B・i・S・Hの活動をはじめてしばらく経ってから、行定さんがB・i・S・Hを好きと言ってくれてライブにもたくさん来てくれるようになった。ある時、「チッチは女優をやったほうがいいよ」って言ってくれた。

何気ないひと言が私にとって大きなひと言だった。新しい自分を見つけられたような気がしたのだ。その時はスケジュールも取れなくて何にも挑戦できなかったけど、やってみたい！という気持ちが強くなっていった。

B・i・S・Hに入った時から、お芝居もしてみたい気持ちは渡辺さんにも伝えていたんだけど、それから何年も経った。ある日突然、渡辺さんが「スケジュールを取れないんだったら、みんなでやっちゃえばいいじゃん！」と言い出して、オムニバス映画『BiSH presents PCR is PAiPAi CHiNCHiN ROCK'N'ROLL』の制作が決まった。

私にとってはすごく嬉しい出来事だった。オムニバスだから、メンバー6人に対して監督も6人で、あみだくじでペアを決めると言われた。行定さんと、お世話になっていたMV監督の方たちと、渡辺さんの6人であみだくじ。行定さんは「頑張ってチッチ取ってくる！」って言ってくれたのだけど、これは運だ……。

しばらくすると「チッチ！　当たりました！」と行定さんから連絡がきて。また神様にラッキーをもらったと思った。ラッキーからはじまった制作、ワークショップも行ったことなかったし、不安だらけだったけど心拍数がどんどん上がっていくのがわかった。高揚感と同時に緊張とか焦りも出てきて心臓がぎゅうぎゅうに高まっていく感覚。必死に向かい合う時間だった。

行定さんと私が組んだ映画は、ほぼ2人芝居。相手役の中島歩さんもすごく素晴らしい方で、いろんなことを話してたくさんのことを教えてもらった。

お芝居のこと音楽のこと、気さくに自由に話してくれる中島さんは最高な大人だった。もともとあったシナリオから物語が変わっていったり、惜しみなく考え抜いてくれた行定さん。主人公のキャラクターも私に当て書きしたような役にしてくれて、気持ちが入りやすいように名前もチヨと言う名前にしてくれたり、ちりばめられた優しさのおかげで私も自然にお芝居をして入り込めたのだろうと思う。

いちばん最初の映像のお仕事だからこそ、ずっと先まで残るものにしたい、これからのセントチヒロ・チッチの人生のスタートになるようにしたいって行定さんが言ってくださったことがなによりの原動力になっていた。まさに体当たりで挑戦ばかりの時間。

恥ずかしいという気持ちはほぼなかった。覚悟を決められていたのかもしれない。行定組はプロだ。監督とカメラマンさんへの信頼と、スタイリストさんが守ってくれる包容力はすさまじいものだった。厳しくも温かい世界だった。アーティストでいる時は戦いに行くというイメージが近い。でも、お芝居をしてる時は違った。守られながら表現するというのは新しい感覚だった。逆に背筋がピンとなって「本当に私がしっかりしないといけないんだな」って感じて、2日間しか時間がなかったけど、自分の中では張り詰めてやりきることができた。

完成した私の作品を観て、メンバーがいちばん恥ずかしがってた気がする。「家族の見ちゃいけないところ見ちゃった、みたいな気持ちになったー」って言われたのを覚えてる（笑）。

演技の道を切り開いてくれた行定監督にはすごく感謝してるし、これからまた私の挑戦の道がはじまる。大きな力で背中を押してもらったなと思ってます。表現することがすごく楽しかったし、強い覚悟を教えてもらった。私は私を諦めずにいろんなかたちの自分を愛して生きていきたい。

ハクと坊と私

小さい頃、映画の『猫の恩返し』を観た。そこに大きなムタという猫が1匹出てくる。一目惚れしてしまった。大きなムチムチの体に大きな態度が最高だった。それからムチムチのエキゾチックショートヘアが大好きになった。BiSHになってから、ブリーダーさんのインスタ投稿からとんでもなくかわいい子たちを見つけた。「家族、募集します」という投稿。猫を飼うのは無理だろうという気持ちがあったけど、どうしても家族になりたくなった。最初はどんなふうに自分の職業を伝えたらいいか迷ってしまって職歴詐称した。本当のことを言いづらくて。だけど何回かコミュニケーションを取ってブリーダーさんは猫を預けてくれることにしてくれたのだ。

最初は、ハク一匹だけ迎える予定だったけど、「実はハクちゃんは三つ子で、あと1人まだもらい手が決まってないの」と教えてもらった。真っ白なご飯の頭に海苔のような黒い毛がちょこんと乗ったおにぎりみたいでとてもかわいかった。「2人は性格も違くて、それぞれのかわいさがあるのよ、仲がいいので一緒に迎えてくれませんか?」って。これは運命だと思った。早く2人に会いたくてたまらなくてふたつ返事ではいと返事をした。

2020年3月、私は2匹を神戸まで迎えに行った。彼らは徳島県の子だったので車で神戸までブリーダーさんが来てくださった。大きな犬2匹とブリーダーさんと、連れのおじさまと車に乗ってきた。

車の中で対面したすごくちっちゃい子猫2匹。ものすごくかわいくて弱っちそうで守らなきゃと思った。抱えながら帰る新幹線は初めて感じる愛しさと不安でいっぱい。わからないことが多かったから、新幹線の中でもずっとブリーダーさんに電話しながら、東京に着くまでずーっとあたふたしていた。赤ちゃんを迎えるような気持ちで家は万全の状態に準備していたので、家に着いた瞬間、2人とも解き放たれたように遊び出してひと安心。

猫を飼うって決めた時、納得のいく名前がなかなか決められなかった。友達とご飯を食べてる時にその話をしたら、「絶対ハクだ！」って言われてビビっと来た。相棒のような存在でいたかったのでハクとチヒロは最高の相棒だと思った。もう1匹はおっとりで食いしん坊だとブリーダーさんから聞いていたので「坊」がぴったりだと思った。『千と千尋の神隠し』の坊。食いしん坊でおっきい赤ちゃん。ぴったり。

2人が家に来て、生活は大きく変わった。何もなかったところに芽が出てきたような感覚。予想だにしない動きや表情をして日々に笑いをくれたり、生き物と暮らす幸福感をもらった。大変なことも心配なこともいっぱいあったけど、日々この子たちのためにやるべきことも増えて、実っていくものもすごくある。ハクと坊に出会わなかったら、その感覚はなかったと思う。愛しいものが近くにあると少し強く優しくなれる気がするのだ。

2人とも人間が大好きだから、引っ掻いたり、噛んだりしない。ノロマちゃんだから、なかなか走り回ることもないし部屋が荒らされることもない。

1日の大半は寝ている。網戸がちょっと傷ついたりおしっこを間違えちゃうことも良い思い出になっている。それもかわいいなと思いながら掃除する。とにかく甘えんぼで、ずっとくっついてくる2人はほんとに人のよう。一緒に寝てくれて、寂しければ最近は鳴いて呼んでくれる。相棒であり愛しい子供なのだ。

私は小さい頃から旦那さんにも子供にも憧れていて、家族と幸せに生きていきたいという夢がある。猫を飼うということは人生のプランで1回も考えたことがなかったから、突然現れたご褒美みたいな感覚だ。巡り合わせ。神様がそうしなさいって言ってるような気がした。今ではブリーダーさんも親戚のように私の活動も応援してくれている。幸せなことだ。

私は、女性も男性も、自分に持ってないものを持っている人に惹かれる。意思があって、ちゃんとやりたいことをやっていることが大事。自分に刺激をくれる人と関わるのが好きだから、自分も相手にとってそうでありたいと思う。だからずっと考え続けているのかもしれない。

そしてもうひとつの目標は、イケてるおばあちゃんになること。

自分の生き方が存在として現れてるおばあちゃんってかっこいい。特にオノ・ヨーコさんは私の目指す人。言葉を形にして生きて、ファッションも自分らしい。私が思う強い女性の象徴なのだ。

私自身もおばあちゃんになっても表現は続けていきたい。たまには休んで上手に逃げ道を作りながら、幸せも大切に表現し続けて生きていきたいなって思ってる。

猫の話から脱線してしまったけど、ゆるりとした夢の話。

いままでとこれからの私

これまでB・iSHとして8年間プロデュースされてきた。だからこそ解散後は自分の意思を信じて心も体も健康に生きることがいちばんの目標。好きなこともたくさんやらせてもらったけど、これからは自分の足で立つわけだから、自分自身の在り方を探しながらやっていけたらいいなと思ってる。

CENTとして音楽を続けることは、自分で決めたひとつの道。メンバー1人ずつ、渡辺さんと進路相談が定期的にあり、それぞれ話を重ねていたけど、私はやりたいことが明確に決まっていた。「音楽を続けるのであればWACKにいなよ」って渡辺さんが言ってくれて。B・iSHはバラバラになっちゃうけれど、その言葉で私はWACKに残ることを決めた。

どんな形でも表現者でいたかった。音楽を続ける上で、1回まっさらにして自分の力で一緒にお仕事する人を見つけてみたいと思った。そうじゃないと、甘えちゃう気がしたから。

昔から仲良くしてくれてる飲み友達のおじさんがいる。ずっと尊敬しているサイジョウさんっていう音楽業界の大先輩。解散後1人になった時「一緒に音楽やろうよ」って言ったら、「しゃーねーな、やるか」って。好奇心旺盛でまあまあ優しくて何十歳の歳の差を感じない感覚の持ち主。この人と一緒に歩いていくことを決めた。

WACKに連れていって渡辺さんと3人で話をしたら、渡辺さんも「いい人じゃん！」って言ってくれて、この人と一緒にCENTをはじめることに決めた。サイジョウさんはレーベルの人で、グループ魂とかPOLYSICSとかゴスペラーズとか担当してきた人。いろんなアーティストを見てきたこの人の好奇心を信じている。私の性格やプライベートの人間性まで全部知ってる人だから、心をさらけ出せる。ずっと願っていたことが、音楽好きな人と仕事がしたいということ。心底音楽が好きそうで楽しく生きている姿は最高だった。プロデュースがなくなりマニュアルが一切なくなった時に、いろんなことをディスカッションできるこんな人とやっていきたいなって思ったのだ。私が知らない間に、音楽好きの大人としてサイジョウさんと渡辺さんは意気投合したようで、朝まで語り明かして飲んじゃったよーなんて話を聞いた時すっごい嬉しかったなあ。

どんな音楽性にしようかもあまり決めたくないと思っている。自分の中から湧き出たものが表現できたら、それが自分のアイデンティティになる。今作ってる曲はネガティブな要素があまりなくて、8割ポジティブな思考で作ってる。たまに皮肉が湧いてくる時もあるけど、コロナ禍を経て、ネガティブに共鳴するより、聴いた人をポジティブに引っ張ってあげたい意識になった。それと、自分が好きなアーティストの音楽は幸せな方向へ導いてくれる歌詞が多い。ああ、今日も生きちゃえそうだと思える時間をくれる。漠然とそういう人になりたいと思ってる。

私が影響を受けてきた音楽はたくさんあるけど、銀杏ＢＯＹＺとandymoriとＰＵＦＦＹは音楽を表現する中で大きな部分を占めている。ハンバートハンバートや平賀さち枝さん。永原真夏さん。原田知世さんもそうだけど、強くて儚い女性像があって、自分らしく生きてる人が好き。同時にいつまでも少女みたいな人が好きで、そういう人にキュンとします。銀杏ＢＯＹＺは私のヒーローであり私を救ってくれる存在だ。峯田さんの言葉と音楽に何度救われただろうか。

影響を与えられた人たちは書ききれないくらいたくさんいる。青春パンクは学生時代の暗闇から真っ青な空に引っ張り出してくれる存在だった。私を導いてくれる音楽、救ってくれて強さをくれる音楽たち。私の中になかった破天荒さを教えてくれた音楽たち。たくさんの音楽で私は人間らしさを教えてもらったのだ。

楽曲制作は結構前からはじめていたけど、コロナ禍になった時、「本格的にやるんだったらデモ曲を溜めてってくれ」って渡辺さんに言われて。ノルマは1ヶ月10曲提出で、正直とても難しく頭を抱えるものだった。ケツを叩かれながら必死の日々。結局ノルマはこなせず全部で2ヶ月分くらいしかできなくて。私の悪いところで、ノルマを課されると途端にやるのが嫌になっちゃう。だけど曲作り自体は楽しかったから、悩みながらもちょっとずつやれていた気がする。こんなのできた！ってわくわくする感覚はこの瞬間にしかないものだった。最初はギターも弾けなくて、「こういう曲が作りたい」と思っても、どうしたら形になるのかわからなくて。いろんな友達に教えてもらって手伝ってもらってなんとか形にした。勉強してだんだんDTMが使えるようになって、ギターが少しずつ弾けるようになって。ちょっとずつ自分の表現が作れるようになっていった。

「向日葵」と「夕焼けBabyblue」って曲ができた時、とんでもなく幸せな気持ちになった。自分にとって最高に愛しい音楽ができたって初めて思えたのだ。「夕焼けBabyblue」は1日でできた不思議な曲で、すぐに渡辺さんに送ると「これだよ！　こういう曲を作ってよ！」って言われて、すごい気に入ってくれて嬉しかった。私もすごく大好きな曲のひとつです。

私はあまり自分に自信がない。いつだってそうだから大事な時の決断も苦手だ。だからたくさんの人に助けられて生きてきたと思う。きっと1人では生きていけないのだろう。たくさん考えて迷ったら信頼できる人たちに目一杯相談して、これだと思う道を探し出す。これからは本当に1からのスタートだから、フェスやイベントなど出させてもらえるものは一生懸命にやる。ツアーも必ずやりたい。お世話になってきた土地やライブハウスの人たちに会いにいきたい。ＢｉＳＨで教えてもらったことを、自分1人になっても一歩ずつ大事にやっていきたいと思ってます。

私は単純に音楽が好きでバンドが好きだから、今この世で生きてる間に好きなライブをたくさん見ないとって思ってる。だから見られる時はライブハウスに行くし、フェスも行くし、どんな場所でも音楽があるところに行きたい。好きなことがあるのは幸せなことだ。時間があったら当日券のあるライブを探して飛び込んでみたりもする。現場に行った時に得られる感情ってほかでは味わえないものだし、泣いたり、笑ったり、幸せになったり、悔しくなったり、感情がいっぱい湧いてくる。中でも、悔しさはほかでは生まれない大事な感情だ。それはBiSHをやってきた中でもすごく大事にしてきたこと。インプットして、そこで生まれた感情をアウトプットすることでセントチヒロ・チッチはだんだん形成されてきたと思ってる。

　CENTの活動でも惜しみなくインプットして風船のように膨らんでいきたい。楽しみなことは山のようにある。生きるぞ。

私にとってB・i・S・Hとは

私にとって、B・i・S・Hは青春だった。

紛れもなくありのままにがむしゃらに生きた愛しい時間は二度と来ない。人生の中で青春は自分次第で何度でもやってくると思っているが、ここまで色濃く自分に刻み込まれる青春はやってこないだろう。

解散が近づくにつれて「B・i・S・Hとは?」と質問されることが増えてきて、人生だと思っていたものは青春そのものだったんだろうなと思えるようになってきた。これだけたくさん感情を生み出して、放って、たくさんの人と出会って、生き様を見せあえることってほかにない。メンバーだけじゃなく、B・i・S・Hを支えてきたチームや、B・i・S・Hを愛してきた清掃員たちにとっても青春でいてくれたら嬉しい。青春って一生忘れないものだと思うから。みんな、あの時はこうだったよねってずっと思い返せる熱いものだろうし、泣きじゃくったり、知らない人と笑い合ったり、死にかけたり、こんな苦しむことは、もうないかもなと感じてる。

解散後は、B・i・S・Hなしの人生が久しぶりすぎて、どういう生活、どういう感情になっていくのか全然想像できない。ちょっぴり怖い。

もし時計が巻き戻って、B・i・S・Hをイチからやれるけどどうする？と聞かれたら私は絶対にやるだろう。まったく後悔してないから、何回でもやりたい。

悔いなく生きろってことは無理だと思っていて。生きてる中で、ああすればよかったなと思わないで生きていける人のほうが少ないと私は思う。

悔いなく生きるのは無理だけど、後悔はB・i・S・Hで感じたことがない。やらなきゃよかったなんて思うことはひとつもなかった。その渦中にいる時は苦しくても、後になるとやってよかったなって不思議と結果につながる悲しみなのだ。意味がないことなんて一つもない。ＢｉＳＨをやっていなかったら気づかなかったことがたくさんあった。ＢｉＳＨで生きていなかったら芽生えなかった感情もたくさんある。そう思うとＢｉＳＨとしての後悔なんてまったくないのだ。

だからこそ、『BiSH THE NEXT』（次なるＢｉＳＨを発掘するオーディションの話を聞いた時、最初はめちゃくちゃ腹が立った。どの怒りからぶつけたらいいのか混乱するほど、まったく飲み込めなかった。

人生を懸けて、愛して、守って、育ててきた自分たちが生きてきた場所がなくなる。解散することは私にとってはすごく大きな決断で、それもまだ飲み込み切れてないのに、次作るんか！って。渡辺さんがやることで、本当は想像の範疇なはずなのに、すごい嫌だった。渡辺さんのことがわかるからこそ歯向かいたかった。きっとほかの５人も同じ気持ちだったろうと思う。

「清掃員はどんな気持ちになると思いますか?」と私は聞いた。私がB・iSHを応援してきた清掃員だったら、裏切られた気持ちになる。例えようのないものすごく嫌な気持ち。素直に応援したいという気持ちがなくなると思いますと伝えたら、「このプロジェクトは清掃員に好いてもらおうと思って作るわけじゃない」とはっきり言われた。

私はこの言葉で納得できたのだ。B・iSHのネクストグループといえど、まったく違うものを作るのだなと。

6人で必死に考えてぶつかり合いながら私たちB・iSHにとって、そして清掃員にとっていちばんいい形を考えて話し合った。

答えはB・iSHがそのプロジェクトに対して向き合う姿勢じゃないかと思うようになった。ただただ悲しいと悔しいを溜めていくんじゃなく、B・iSHが前向きに一緒にプロジェクトに取り組んでる姿勢を見せることが清掃員にとっては明るい未来につながるんじゃないかと思った。みんな優しいから、メンバーが苦しいのがいちばん嫌だと言われるんだってわかってるんだ。この話し合いはすごく時間がかかった。渡辺さんから提案された時、意見がわかれた。やりたくない人、やろうっていう人。わからないって人。

株式会社BiSHを設立して、資本を使って応援していくっていうこともそうだし、新しいグループの子たちを一緒に選んでいくのも、解散するまでに私たちがやるべきことなんじゃないかって。みんなで意見がやっと固まった。私たちにとっても、清掃員にとっても、WACKにとってもこれがいちばんいい答えだったのかなと私は思う。

男女グループだからこそ私たちの経験と比較するものがない。WACKともBiSHとも比較できない。だからこそ、真剣に私たちが見ていかないと失敗すると思っている。渡辺さんは思ったよりも私たちの意見をしっかり取り入れてくれている。候補生も人生を懸けてここに集まってくれたんだとやっとわかるようになった。私も真剣になってる。むしろわくわくしている私がいる。

7月1日にはメンバーが決定して、私たちも元B：i：SHとしてテレビに出てる予定だ。今でも複雑な気持ちで見ている清掃員はたくさんいるだろう。だけどその気持ちに、活動で心で証明していくのは彼らにしかできないことで私たちには応援することしかできない。これが最後にみんなで出るテレビになると思うけど、また6人で会えるという予定があるだけで正直嬉しい気持ちもある。会いたいもの。

解散後のB：i：SHのメンバーに関しては、私が心配するほど弱い人たちではないし、活動を通してすごく強くなってきた人たちだからどんな道でも大丈夫だと思ってる。表現者としてそれぞれの形でつながっていたい。どちらかというと、私は私のことがいちばん心配なんだけど。

いざ解散と六分割になった時のことは正直まったく想像できない。だからこそ、いろんな場所でみんなの活躍が見られたら嬉しいし、こんな場所で再会したねみたいなことが起こるのがこれからの楽しみ。それに遠くにいても5人のいちばんの親衛隊でいたい。頼りたい時は頼らせてねと思ってる。自分が思ってるより私は5人のことが大好きみたいだ。

あなたへ

初めてのエッセイは内側の自分と見つめ合う良いタイミングでした。

書いているうちに別れを受け入れないことも私らしさと思えるようになりました。

そしてたくさんの人に支えられて奮い立たされて生きてきたのだと気づけたのです。

この本を書かせてくれた皆様に感謝します。

いつか寂しさを受け入れておけば良かったなんて思う時が来るかもしれない。だけどB・iSHで生きた日々に自分の中でピリオドを打つことはできなかったのです。

いままでも、これからも、私らしく人間臭く生きていってやりたい。

天才じゃないからこそ気づけたことを力に、銀河にひとつしかない私だけの旅を続けるのです。

どうかあなたも自分らしく自分を愛してたまには逃げ道を作って生きていてほしい。

それと、応援してくれている皆様いつもありがとう。愛していますっ。

真面目に不真面目に生きたもん勝ち！　よしゃ！

セントチヒロ・チッチ

“楽器を持たないパンクバンド”BiSHのメンバー。熱くストレートな歌唱と繊細な歌唱を使い分け感情を全面に出すBiSHの支柱。音楽はもちろん、ファッション、アート、カメラ、カレーと多趣味。2022年8月にCENT(セント)として本格的にソロ活動を開始。グループ活動とまた違った一面を表現する彼女の世界観が大きな注目を集める。

〈スタッフクレジット〉
撮影 桑島智輝
スタイリング 入山浩章
ヘアメイク 高橋有紀
編集協力 西澤裕郎
編集 続木順平（KADOKAWA）
DTP Office SASAI
校閲 鴎来堂
ブックデザイン 鈴木成一デザイン室

〈衣装クレジット〉
P1 ブルゾン Onitsuka Tiger
スカート FRED PERRY
スニーカー grounds（FOOLS Inc.）
P10-11 ビンテージのブルゾン LOST BOY TOKYO
スカート WRAPINKNOT（UTS PR）
ソックス FRONT11201
P12 ビンテージのTシャツ Sick tokyo
リング flake
その他すべてスタイリスト私物および本人私物

〈問い合わせ先〉
Sick tokyo @sick_shibuyatokyo
flake TEL03-5833-0013
FRONT11201 @front_11201
LOST BOY TOKYO @lostboytokyo
UTS PR TEL03-6427-1030
FRED PERRY SHOP TOKYO TEL03-5778-4930
FOOLS Inc. TEL03-6908-9966
オニツカタイガージャパン お客様相談室 TEL0120-504-630
＊私物に関するお問い合わせはご遠慮いただきますようお願い申し上げます。

いままでも
これからも

2023年7月12日　初版発行

著者　セントチヒロ・チッチ
発行者　山下直久
発行　株式会社KADOKAWA
〒102-8177 東京都千代田区富士見2-13-3
電話0570-002-301（ナビダイヤル）
印刷所　凸版印刷株式会社
製本所　凸版印刷株式会社

ISBN978-4-04-606418-9 C0095